AVENTURANDO-SE
através da BÍBLIA

de Mateus a Atos

Inclui período intertestamentário

Publicações Pão Diário

W

AVENTURANDO-SE
através da BÍBLIA

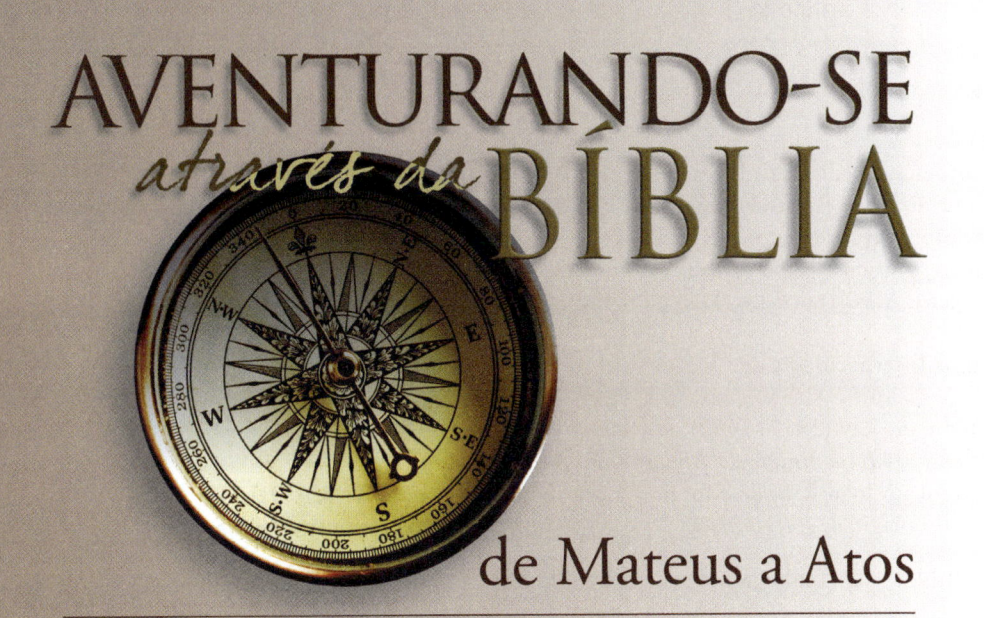

de Mateus a Atos

Inclui período intertestamentário

RAY C. STEDMAN

Adventuring Through the Bible: A Comprehensive Guide to the Entire Bible
Copyright © 1997 by Elaine Stedman
Translated and Published by special arrangement with
Discovery House Publishers,
3000 Kraft Avenue SE, Grand Rapids, Michigan, 49512 USA

Coordenação editorial: Dayse Fontoura
Tradução: João Ricardo Morais
Revisão: Dayse Fontoura, Rita Rosário, Lozane Winter
Projeto gráfico e capa: Audrey Novac Ribeiro
Imagens: Ministérios Pão Diário; Wikipedia Commons

Dados Internacionais de Catalogação na Publicação (CIP)

Stedman, Ray (1917–1992)
Aventurando-se através da Bíblia — de Mateus a Atos.
Tradução: João Ricardo Morais – Curitiba/PR, Publicações Pão Diário.
Título original: *Adventuring Through the Bible: A Comprehensive Guide to the Entire Bible*

1. Bíblia   2. Teologia prática   3. Vida cristã   4. Religião Prática

---

Proibida a reprodução total ou parcial, sem prévia autorização, por escrito, da editora.
Todos os direitos reservados e protegidos pela Lei 9.610, de 19/02/1998.
Pedidos de permissão para reprodução: permissao@paodiario.org

Exceto quando indicado o contrário, os trechos bíblicos mencionados são da edição Revista e Atualizada de João F. de Almeida © 2009 Sociedade Bíblica do Brasil.

Publicações Pão Diário
Caixa Postal 4190,
82501-970 Curitiba/PR, Brasil
publicacoes@paodiario.org
www.publicacoespaodiario.com.br
(41) 3257-4028

Código: WR217
ISBN: 978-1-68043-287-9

Impresso na China

SUMÁRIO

Introdução 7

1. OS APÓCRIFOS
   Entre os Testamentos 9

2. DE MATEUS A ATOS
   Jesus e Sua Igreja 11

3. MATEUS
   Eis o vosso Rei! 19

4. MARCOS
   Ele veio para servir 33

5. LUCAS
   O homem perfeito 49

6. JOÃO
   O Deus-homem 63

7. ATOS
   A história inacabada 77

INTRODUÇÃO

Este fascículo de *Aventurando-se através da Bíblia — de Mateus a Atos* foi especialmente desenvolvido para facilitar a compreensão do contexto histórico e cultural em que o cristianismo nasceu e seu desenvolvimento no século 1º da era cristã.

Colorido e repleto de linhas do tempo, esquemas, ilustrações e mapas, o conteúdo de cada um dos cinco primeiros livros do Novo Testamento é abordado de forma simples e empolgante, que capta a atenção de líderes e leigos igualmente.

Ray Stedman conduz o leitor usando exemplos históricos e contemporâneos que facilitam o entendimento da mensagem bíblica.

Nosso desejo é que ao estudá-lo, quer para crescimento pessoal quer para ministração de estudos bíblicos em sua comunidade, você possa descobrir a profundidade do amor de Cristo revelado em Sua vida, morte, ressurreição e em Sua ação no mundo por intermédio de Seu Corpo, a Igreja.

—*Dos editores do* Pão Diário

Caverna em Qumran

OS APÓCRIFOS

Entre os Testamentos

CAPÍTULO 1

Quatrocentos anos de silêncio. Esse é o período de tempo que separa o último livro do Antigo Testamento, Malaquias, do primeiro livro do Novo Testamento, Mateus. De uma perspectiva humana, o período de 4 séculos é muito tempo. Civilizações inteiras ascendem, declinam, caem e são esquecidas em menos tempo do que isso.

Durante o interlúdio de 400 anos entre Malaquias e Mateus, foi como se os céus estivessem em silêncio. Nenhuma voz falou por Deus, nenhum profeta veio a Israel, nenhuma Escritura foi registrada.

São Jerônimo, por El Greco
Wikipedia Commons

No entanto, isto não significa que nenhuma história dos hebreus tenha sido registrada em todo esse tempo. Durante o período de 400 a.C. até os tempos do Novo Testamento, foi produzido um conjunto de literatura que ficou conhecido como "os Apócrifos", do grego *apokryphos*, que significa "escondido". Durante alguns séculos dos primórdios da Igreja cristã, os livros Apócrifos foram aceitos como Escritura, especialmente os que constam na tradução grega do Antigo Testamento, a Septuaginta.

Quando Jerônimo, pai da Igreja primitiva (aprox. 347-420 d.C.), traduziu a Septuaginta para o latim, na edição Vulgata da Bíblia Católica, ele expressou dúvidas sobre a validade dos Apócrifos. Os concílios superiores da Igreja Católica, contudo, rejeitaram suas contestações. Como resultado, a Bíblia Católica Romana e a Ortodoxa contêm os Apócrifos até hoje.

Os Apócrifos nunca foram incluídos no Antigo Testamento dos primeiros cristãos hebreus e não foram aceitos como Escritura inspirada pelos reformadores João Calvino e Martinho Lutero. Foram também excluídos da versão autorizada (King James) de 1611.

Como uma coleção de textos históricos, os Apócrifos lançam uma luz interessante sobre o período da história dos hebreus durante a lacuna entre os Testamentos, porque este foi o período durante o qual a cultura judaica foi fortemente influenciada por ideias gregas (helenísticas). A helenização de Israel pode ser claramente vista nas obras dos Apócrifos. De fato, a Septuaginta é resultado da influência helenística.

> **OBJETIVOS DO CAPÍTULO**
>
> Este capítulo responde às perguntas: O que são os Apócrifos? E como podemos saber se os livros que compõem os Apócrifos são ou não a Palavra de Deus inspirada?

Pistas interessantes para o surgimento de certas instituições hebraicas durante os tempos do Novo Testamento, tais como a seita farisaica do judaísmo que surgiu no século 2 a.C. e o partido saduceu (ou zadoqueu) que surgiu no século 1.º a.C., também podem ser encontradas nos Apócrifos. Ambos os grupos são muito importantes em todos os relatos da vida de Jesus nos quatro evangelhos. Eles também figuram poderosamente na história do implacável fariseu que se tornou um missionário cristão, o apóstolo Paulo.

Os livros apócrifos na Septuaginta (não incluídos nas Escrituras dos judeus não helenistas) eram:

- *Tobias*, narra a história de Tobias, um israelita justo, que viveu em Nínive durante o tempo do exílio (um livro edificante de ficção histórica);
- *Judite*, narra a história de uma heroína israelita que mata um general assírio (um livro edificante de ficção histórica);
- Sabedoria de Salomão, um livro de sabedoria semelhante ao de Provérbios e Eclesiastes;
- *Siraque* (Eclesiástico), outro livro de sabedoria;
- *Baruque*, um adendo ao livro de Jeremias, supostamente escrito pelo assistente de Jeremias;
- *Primeiro* e *Segundo Macabeus*, duas obras épicas, históricas, que descrevem a revolta de um exército rebelde judeu, os Macabeus, contra a opressiva ocupação grega selêucida durante o período de 175 a 134 a.C.

Incluídos nos Apócrifos estão também textos fragmentários que foram acrescentados aos livros aceitos e inspirados do Antigo Testamento — estes incluem acréscimos ao livro de Ester (que aparecem na Septuaginta e versões católicas romanas como Et 10:4-10), a Canção dos três jovens (inserido no final de Daniel 3), a história de Susana (que aparece como Daniel 13), e a história de Bel e o dragão (que aparece como Daniel 14).

Os Apócrifos são uma leitura interessante e informativa, mas um exame cuidadoso desses livros, comparando-os com os livros aceitos da Palavra de Deus, apresenta uma forte indicação de que eles não pertencem ao cânon das Escrituras, porque não se encaixam com os grandes temas da Palavra de Deus.

Se você examinar o Antigo Testamento, livro por livro, verá claramente que as páginas de cada livro apontam claramente para Jesus, o Messias que haveria de vir. Entretanto, você não verá Jesus claramente, em absoluto, nos Apócrifos.

Talvez essa seja uma das razões pelas quais Jerônimo sentiu-se compelido a questionar a validade dos Apócrifos tantos anos atrás. Em qualquer caso, estou convencido, assim como praticamente todos os outros pesquisadores da Bíblia protestante, que qualquer que seja o valor histórico ou literário que os Apócrifos contenham, eles não são a Palavra inspirada de Deus.

LIVROS DA SEPTUAGINTA

Tobias	1 Macabeus
Judite	2 Macabeus
Sabedoria de Salomão	Adições a Ester
Siraque (ou Eclesiástico)	Canção dos três jovens
	Susana
Baruque	Bel e o dragão

DE MATEUS A ATOS
CAPÍTULO 2
Jesus e Sua Igreja

O Antigo Testamento era sombra. O Novo Testamento é o brilho do sol.

O Antigo Testamento era tipo e símbolo. O Novo Testamento é a realidade e a substância.

O Antigo Testamento era profecia. O Novo Testamento é o cumprimento.

No Antigo Testamento, temos de montar um complexo mosaico de Cristo. No Novo Testamento, Jesus salta resplandecentemente das páginas em um realismo tridimensional.

Embora o Antigo Testamento fale de Jesus, ele o faz em sombras, tipos, símbolos e profecias que antecipam o advento do Senhor. Ele aparece em quase todas as páginas na forma de símbolos, sombras, tipos, rituais, sacrifícios e profecias. Você não consegue ler o Antigo Testamento sem se conscientizar desta constante promessa que percorre o texto: "Alguém está vindo! Alguém está vindo!"

Porém, quando abrimos os evangelhos, torna-se claro que o momento tão esperado chegou. O prometido e profetizado *Alguém* chegou — e Ele dá um passo à frente na plenitude surpreendente de Sua glória. Como João diz: "E o Verbo se fez carne e habitou entre nós, cheio de graça e de verdade, e vimos a sua glória, glória como do unigênito do Pai" (Jo 1:14). Aqui, na forma de um ser humano, de "carne e osso", está Aquele que satisfaz e cumpre todos os símbolos e profecias encontradas de Gênesis a Malaquias. À medida que avançamos do Antigo Testamento para o Novo, descobrimos que Jesus de Nazaré é o ponto central de ambos os Testamentos.

Para mim, os evangelhos compreendem a mais fascinante porção da Bíblia, porque eles fornecem relatos de testemunhas oculares da vida daquele em torno do qual gira toda a Bíblia. Nos evangelhos, vemos Cristo como Ele é. Os evangelhos nos confrontam com o fato de que Jesus pode nem sempre ser o que achamos que Ele é ou o que gostaríamos que Ele fosse. Suas ações são por vezes surpreendentes. Suas palavras nos causam admiração. Não importa quantas vezes tenhamos lido os evangelhos anteriormente, Jesus continua a desafiar nossas suposições sobre quem Ele é.

Encontramos este homem, Jesus Cristo, por meio de quatro perspectivas separadas — Mateus, Marcos, Lucas e João. Muitos têm perguntado "Por que é necessário ter quatro evangelhos em vez de apenas um? Por que um desses autores não poderia ter colocado todos os fatos juntos e nos apresentado em um único livro?". Bem, isso seria como tentar usar uma fotografia de um edifício para representar adequadamente toda a sua estrutura.

> **OBJETIVOS DO CAPÍTULO**
>
> Neste capítulo, vamos dar uma visão geral dos primeiros cinco livros do Novo Testamento, os livros que relatam a parte da história no Novo Testamento. Este capítulo responde às perguntas: Por que precisamos de quatro evangelhos? Por que um evangelho não é suficiente? Por que precisamos do livro de Atos? E por que Atos termina tão de repente? Aqui, novamente, vemos evidências profundas de que esses livros, escritos por quatro escritores humanos, verdadeiramente são produto da mente de um único Autor.

Uma imagem não poderia possivelmente mostrar todos os quatro lados do edifício de uma só vez.

O mesmo é verdadeiro quanto a Jesus. Sua vida, Seu caráter e Seu ministério são tão ricos e multifacetados que uma única visão não poderia contar toda a história. Deus, deliberadamente, planejou quatro evangelhos para que cada um apresentasse o nosso Senhor de forma única. Cada evangelho apresenta um aspecto distinto de Cristo, e nossa compreensão de quem Ele é seria muito mais pobre se qualquer um deles nos faltasse.

Quatro figuras de Cristo

O Antigo Testamento está cheio de figuras do Messias prometido que correspondem aos retratos de Jesus, que foram "pintados" para nós nos quatro evangelhos. Primeiro, Jesus é retratado em muitas profecias — particularmente nas de Isaías, Jeremias e Zacarias — como *o Rei de Israel que haveria de vir*. Por razões óbvias, o povo de Israel amou a figura do Messias como o rei de Israel. De fato, essa foi uma das razões que levou Israel a rejeitar Jesus quando Ele veio: o Senhor não se parecia com o rei que eles esperavam. Porém, Mateus, em seu evangelho, enfatizou os aspectos da realeza de Jesus e de Seu ministério. Mateus, então, é o evangelho que o apresenta como Rei.

Segundo, Jesus é retratado como o *Servo sofredor*. Vemos imagens do servo sofredor no livro de Isaías e no livro de Gênesis na vida José, que é considerado como um tipo daquele que viria para sofrer e servir. Os hebreus consideraram confusas estas duas representações do Messias — o Messias-Rei que governa *versus* o Messias-Servo sofredor.

Muitos eruditos judeus concluíram que deveria haver dois messias. Eles chamaram um de "Messias Ben Davi" (Messias, o filho de Davi, o messias-rei) e o outro de "Messias Ben José" (Messias, o filho de José, o messias-sofredor). Eles não conseguiam imaginar que o rei e o servo poderiam ser a mesma pessoa. Marcos, no entanto, entendeu a natureza de Cristo como servo humilde, e esse é o aspecto que ele nos apresenta em seu evangelho.

Terceiro, o Antigo Testamento apresenta, repetidas vezes, imagens do Messias vindo como homem. Ele deveria nascer de uma virgem, crescer em Belém e andar entre os seres humanos. Ele seria *o homem perfeito*. Esse é o quadro que Lucas nos apresenta em seu evangelho.

Finalmente, temos as imagens do Antigo Testamento que falam do Messias como Deus, *o Eterno*. Por exemplo, Miqueias 5:2 previu que o Messias sairia da pequena cidade de Belém-Efrata (onde, de fato, Jesus nasceu) e que Sua origem seria proveniente da eternidade (isto é, Ele é eterno e é Deus). Esta descrição se encaixa com o quadro de Jesus encontrado no evangelho de João, o evangelho do Filho de Deus.

Assim, todas as profecias do Antigo Testamento e as representações de Cristo podem ser colocadas sob estes títulos dos quatro evangelhos: rei, servo, homem e Deus. É significativo que em quatro lugares no Antigo Testamento, a palavra *eis* é usada em conexão com cada uma destas quatro imagens.

Em Zacarias, Deus diz às filhas de Sião e Jerusalém: "...eis aí te vem o teu Rei..." (9:9). Esta profecia foi cumprida na entrada triunfal de nosso Senhor em Jerusalém.

Então, em Isaías, Deus diz: "Eis aqui o meu servo…" (42:1). Observe que não é "o teu servo", mas "o meu servo". Cristo não é servo da humanidade, mas o servo de Deus.

Ainda em Zacarias, o Senhor diz: "…Eis aqui o homem…" (6:12). Esta é uma passagem sobre o Messias.

E em Isaías 40:9 lemos: "…dize às cidades de Judá: Eis aí está o vosso Deus!"

Quatro vezes a palavra "eis" é usada, cada vez em conexão com um aspecto diferente de Cristo. Assim, podemos ver claramente que Deus teceu um padrão maravilhoso e consistente em Sua Palavra, tanto no Antigo quanto no Novo Testamento. Este padrão revela as muitas facetas e dimensões de Jesus, o Messias.

Unidade, não harmonia

É fascinante observar todas as técnicas, detalhes e nuances utilizados pelos escritores dos evangelhos para delinear um retrato abrangente de Jesus Cristo.

Em Mateus, o evangelho do Rei, vemos muitas evidências da realeza de Jesus: O livro começa com a genealogia de Cristo, traçando Sua linhagem real até chegar a Davi, rei de Israel, e Abraão, o pai da nação de Israel. Ao longo deste livro, Jesus fala e age com autoridade real: "Moisés disse a vocês assim e assim, mas eu digo a vocês isso e isso". Para os judeus, Moisés era a grande autoridade, assim, para Jesus suplantar a autoridade de Moisés, Ele tinha que agir como rei.

Jesus demonstrou autoridade para expulsar espíritos malignos, para ordenar que o doente fosse curado e para que o cego pudesse ver. Com autoridade real, Ele julgou os líderes religiosos da nação, dizendo: "Ai de vós, escribas e fariseus, hipócritas!" A principal frase que Jesus usa repetida vezes em todo o evangelho de Mateus é "o reino do céu" — que ocorre 31 vezes. No relato do nascimento do Senhor, Mateus afirma que Cristo nasceu Rei dos judeus. Em sua narrativa da crucificação, ele diz que Jesus foi crucificado como Rei dos Judeus.

Marcos, o segundo evangelho, apresenta Cristo como o Servo. Como é de se esperar, Marcos não fornece uma genealogia de Cristo. De uma perspectiva humana, quem se importaria com a genealogia de um servo? Ninguém. No evangelho de Marcos, o Senhor simplesmente aparece em cena. Repetidamente, neste evangelho, nos deparamos com a palavra "imediatamente". Essa é a palavra de ordem para um servo, não é? Quando você dá a um servo uma ordem, você quer que ela seja cumprida imediatamente. Então, repetidamente, lemos: "Imediatamente, Jesus fez isso e aquilo".

Enquanto Lucas e Mateus estão repletos de parábolas sobre muitos assuntos, Marcos, o evangelho do Servo, contém apenas quatro parábolas — e cada uma delas é uma parábola sobre serviço. As parábolas retratam Jesus como o Servo de Jeová — o servo sofredor retratado em Isaías 53. Ao longo da leitura do evangelho de Marcos, você nunca verá Jesus ser chamado de Senhor até após a Sua ressurreição — outra característica de Sua função de servo. O versículo de Marcos 13:32 ilustra profundamente o servo Jesus, e tem intrigado a muitos. Neste versículo, o Senhor fala de Sua segunda vinda: "Mas a respeito daquele dia ou da hora ninguém sabe; nem os anjos no céu, nem o Filho, senão o Pai."

Como Jesus poderia ser o Deus onisciente e mesmo assim não saber o tempo de Seu próprio retorno? Isto é um mistério — pelo menos até você compreender o caráter do evangelho de Marcos. Ele descreve Cristo como o Servo sofredor de Deus. Não é próprio de um servo saber o que o seu Senhor está fazendo — mesmo quando esse Servo é o próprio Filho de Deus.

Lucas nos apresenta Cristo como um homem. Aqui vemos a perfeição de Sua humanidade — a glória, beleza, força e dignidade de Sua natureza humana. Como seria de se esperar, Lucas também contém uma genealogia de Cristo. Se Jesus é apresentado como um ser humano, queremos ter certeza de que Ele pertence à raça humana. E Lucas defende a identificação completa de Cristo com a linhagem de Adão, traçando Sua genealogia até aquele ponto.

Em Lucas, frequentemente encontramos Cristo em oração. Se você quiser ver Jesus orando, leia o evangelho de Lucas. A oração é uma ilustração do relacionamento apropriado da humanidade com Deus — a total dependência do Deus soberano e onipotente. Em Lucas, vemos a compaixão humana de Jesus mais claramente — o Seu pranto sobre a cidade de Jerusalém, a cura que Ele realizou no homem cuja orelha Pedro cortou quando os soldados o prenderam no jardim. Nenhum outro evangelho relaciona estes dois incidentes que tão poderosamente mostram a natureza compassiva e humana de nosso Senhor. Lucas narra com propriedade a profunda agonia de Cristo no jardim onde Ele transpirou gotas de sangue, uma representação tão eloquente de Sua humanidade que se identifica totalmente com os nossos sofrimentos.

O evangelho de João apresenta Cristo como Deus. Desde o primeiro verso, este é o tema poderoso e inconfundível de João. Muitas pessoas não conseguem perceber que o evangelho de João, como o de Mateus e o de Lucas, abre com uma genealogia. A razão pela qual muitas pessoas não percebem a genealogia em João é por ela ser tão curta:

No princípio era o Verbo, e o Verbo estava com Deus, e o Verbo era Deus (1:1).

É isso! Essa é toda a genealogia de Cristo em João — duas pessoas, o Pai e o Filho. Por que esta genealogia é tão curta? Porque o propósito de João é simples: Expor o relato da natureza divina de Cristo. No evangelho de João, vemos sete declarações "Eu Sou" (listadas no capítulo 5). Estas sete declarações ecoam a grande declaração que Senhor fez a Moisés na sarça ardente: "...Eu Sou o Que Sou..." (Êx 3:14).

Além destas sete dramáticas declarações "Eu sou", lemos sobre um incidente no jardim, onde a declaração "eu sou" de Jesus tem um impacto poderoso. Isso acontece quando Judas leva os soldados para o jardim a fim de prenderem o Mestre. Quando os soldados dizem ao Senhor que estão procurando um homem chamado Jesus de Nazaré, Jesus responde: "Sou eu", e a força dessa grande declaração "Eu sou" — a declaração de Sua própria divindade — é tão poderosa que os soldados caem para trás atordoados (veja Jo 18:3-8). João afirma claramente que seu propósito não é o de estabelecer uma biografia exaustiva do Senhor, mas inspirar convicção salvadora na divindade de Jesus Cristo, o Filho de Deus:

Na verdade, fez Jesus diante dos discípulos muitos outros sinais que não estão escritos neste livro. Estes, porém, foram registrados para que creiais que Jesus é o Cristo, o Filho de Deus, e para que, crendo, tenhais vida em seu nome (Jo 20:30,31).

Finalmente, antes de passarmos adiante para examinar esses quatro evangelhos individualmente, devemos observar que é impossível harmonizar cronologicamente estes relatos, pois eles não têm a intenção de serem relatos cronológicos. Mateus, Marcos, Lucas e João não se sentaram para registrar uma biografia cronológica de Jesus. Eles escreveram para apresentar aspectos específicos da vida e ministério do Senhor. Nenhum desses livros afirma ser uma cronologia de Sua vida. A cronologia dessas narrativas, é claro, não é a informação mais importante a ser extraída dos evangelhos. Embora não possamos harmonizar precisamente esses relatos, é possível obter uma sequência de acontecimentos bastante confiável ao compararmos os evangelhos, especialmente se nos basearmos no evangelho de João, que parece ser o mais preciso cronologicamente dos quatro.

Os evangelhos sinóticos e João

Mateus, Marcos e Lucas formam o que é chamado de Evangelhos Sinóticos (*sinótico* significa "visto em conjunto"). Embora todos os quatro evangelhos complementem e reforcem uns aos outros, o estilo, tema e ponto de vista dos evangelhos sinóticos diferem acentuadamente do evangelho de João, que tem um tom, estilo e seleção de detalhes muito diferentes. Quando lemos os Sinóticos em paralelo, eles nos impressionam com muitas semelhanças e detalhes de sobreposição, embora cada evangelho tenha seu próprio ambiente, voz e ênfase distintas.

Cada um dos quatro evangelhos é endereçado a um público específico. Mateus escreveu o seu relato principalmente para os judeus, por isso é repleto de referências e citações do Antigo Testamento. Lucas escreveu para os gregos, ou à mente filosófica, por isso é repleto de conselhos do Senhor quando Ele se sentava com Seus discípulos, em comunhão íntima, explorando as esferas de verdades espirituais. Os gregos amavam isso. Marcos escreveu para a mente romana; por isso é o evangelho da pressa e da ação, que eram características do espírito romano. E João escreveu para os cristãos, por este motivo esse é o evangelho mais querido para o coração dos cristãos; ele não só enfatiza a divindade de Cristo, mas revela o ensinamento do arrebatamento da Sua Igreja (Jo 14:1-3), o ministério do Espírito Santo (Jo 16:12-25) e a íntima comunhão e comprometimento entre o Senhor e os Seus.

Se você entender que os quatro evangelhos foram escritos com quatro propósitos diferentes, a partir de quatro perspectivas distintas, para quatro públicos específicos, você compreenderá por que encontramos certas diferenças entre eles. Por exemplo, as pessoas muitas vezes perguntam por que o evangelho de João não menciona a luta do Senhor no Getsêmani. Encontramos o registro da agonia de Jesus no Getsêmani em Mateus, Marcos e Lucas, mas nenhuma menção em João. A resposta é porque no Jardim do Getsêmani, Jesus clamou e indagou ao Pai: "Se é possível, passe de mim este cálice!"

Nessa ocorrência, não é Jesus em Seu papel de Filho de Deus que questiona o Pai, porque

Deus não pode questionar a Deus. É Jesus em Sua humanidade que faz isso. Sendo assim, o relato do Getsêmani é encontrado em Mateus, Marcos e Lucas, os quais apresentam o mais completo e convincente registro de Sua luta como ser humano. Em João, o evangelho do Filho de Deus, este acontecimento é omitido. Isto não é uma discrepância ou uma contradição entre os evangelhos; é apenas uma diferença no tema e na ênfase.

Aqui vemos a supervisão do Espírito Santo em ação, demonstrando que os evangelhos não são meras cópias uns dos outros. O Espírito Santo deliberadamente projetou a singularidade de cada um deles, bem como a unidade de todos os quatro evangelhos. Cometemos um erro se pensarmos que os evangelhos são quatro biografias do Senhor, com a intenção de relatar a vida e todos os momentos de Jesus Cristo. Eles não são biografias, mas esboços do personagem, destinados a apresentar dimensões diferentes da complexa realidade do Senhor Jesus Cristo.

O livro de Atos

Você pode pensar que eu coloquei este livro nesta seção com os evangelhos porque ele não se encaixa com as epístolas. Não, incluí Atos propositadamente com os evangelhos porque ele é uma continuação da história deles. Escrito por Lucas, este livro é uma sequência a todos os quatro evangelhos. Enquanto os evangelhos contam a história de Cristo em Seu ministério terreno, Atos conta a história do Corpo de Cristo, a Igreja, que continua a obra do Senhor na Terra depois da Sua ascensão ao Céu.

De muitas maneiras, Atos é a chave para o Novo Testamento. Não conseguiríamos entender o Novo Testamento se este livro fosse deixado de fora dele. Os quatro evangelhos nos ensinam que os apóstolos foram enviados para pregar o evangelho a Israel — somente a Israel. Mas em Atos aprendemos a ordem de Deus de que o evangelho deve ser levado a todo o mundo: aos gentios, bem como à casa de Israel.

Se deixarmos de fora o livro de Atos e saltarmos diretamente para as epístolas paulinas, vemos que outro apóstolo foi misteriosamente acrescentado — um sujeito chamado Paulo! Em vez de falar sobre o reino de Deus, os cristãos estão falando de uma nova organização — a Igreja. Em vez de um evangelho confinado aos judeus na região em torno da cidade de Jerusalém, o cristianismo se espalhou — no curto período de uma única geração — aos limites do mundo então conhecido. Tudo isso é explicado no livro de Atos.

A chave para entender Atos é a percepção de que este livro não é um registro dos atos dos apóstolos, mas dos atos do Senhor Jesus Cristo! Observe como o livro começa:

> *Escrevi o primeiro livro, ó Teófilo, relatando todas as coisas que Jesus começou a fazer e a ensinar* (1:1).

Observe a escolha das palavras de Lucas! No evangelho de Lucas, ele registrou o que o Senhor Jesus começou a fazer. Mas agora, em Atos, Lucas nos dá o registro do que o nosso Senhor continua a fazer. Portanto, é o Senhor que age nos relatos de ambos os livros. O evangelho de Lucas é o volume um; o livro de Atos é o volume dois.

Durante a Segunda Guerra Mundial, o primeiro ministro da Grã-Bretanha, Winston

Churchill, transmitiu um pronunciamento sobre as vitórias das forças aliadas quando eles tinham varrido o norte da África e estavam prestes a irromper a invasão da Sicília. Churchill resumiu seu pronunciamento com estas palavras: "Isto não é o fim. Não é sequer o início do fim. Mas, talvez, seja o fim do começo".

Isso é o que temos nos quatro evangelhos. Quando Jesus ascende ao céu, não é o fim do ministério de nosso Senhor. É meramente o fim do começo. Porém no restante de Atos, temos o início do fim.

O livro de Atos registra o ministério contínuo de Cristo pela instrumentalidade de homens e mulheres que são exatamente como você e eu. Pouco antes de ir para a cruz, Lc 12:50, Jesus diz a Seus discípulos: "Tenho, porém, um batismo com o qual hei de ser batizado; e quanto me angustio até que o mesmo se realize!" Em outras palavras: "Como estou limitado e acorrentado até que tudo se cumpra!". Bem, esse batismo foi efetuado [em Sua morte e ressurreição]. Nosso Senhor não está mais limitado e acorrentado. Quando Ele subiu ao céu, o Espírito Santo foi enviado a nós, Seus seguidores. O batismo do Espírito Santo, a onipotência de Deus foi liberada na vida de homens e mulheres comuns, capacitando-os, como cristãos, a fazer coisas extraordinárias em Seu nome.

Atos é o único livro da Bíblia que ainda não terminou. Observe que se encerra abruptamente com os dois últimos versículos simplesmente dizendo que Paulo tinha alcançado Roma.

Jamais fecho este livro sem me perguntar: "Bem, e o que aconteceu depois?". O livro de Atos nos deixa em suspense. E há uma razão pela qual parece não ter sido terminado. É porque o texto de Atos é a biografia de uma pessoa que vive — Jesus Cristo. O último capítulo da história do Senhor ainda não foi escrito.

Tenho em minha biblioteca uma autobiografia do Dr. Harry A. Ironside, e termina com o mesmo tipo de registro. Ele o deixa em suspense. Você fica imaginando o que acontece a seguir. Não está completo porque, na época em que foi escrito, sua vida não havia terminado.

O livro de Atos continua a ser escrito hoje por meio da vida de homens e mulheres no Corpo de Cristo, a Igreja. Essa expressão "Corpo de Cristo" não é uma mera metáfora. Nós somos literalmente o Seu corpo na Terra, realizando Sua obra inacabada no mundo. Apesar de Jesus ter sido elevado às alturas, Sua vida corpórea continua! Ela continua por meio da minha vida e da sua vida. Continua e supera a duração da vida e das instituições de meros mortais, das nações e das civilizações.

Roma caiu, os impérios dos hunos, dos mongóis, dos astecas, dos chineses manchus e dos britânicos ascenderam e sucumbiram. O colonialismo entrou em colapso nas Américas, África e Ásia; o comunismo soviético veio e se foi; duas guerras mundiais foram travadas; passamos da Era das Trevas à era da internet — mesmo assim a vida do Corpo de Jesus Cristo continua, o livro de Atos continua a ser escrito. Ainda não vimos a última página.

Você e eu ainda estamos escrevendo o livro de Atos hoje, porque é o relato do que o Espírito Santo continua a fazer por meio de nós e de cristãos em todo o mundo. Somos o Corpo de Cristo. Somos Suas mãos que realizam milagres, ministram e servem. Somos Seus olhos de compaixão e amor. Somos Sua voz da verdade, chamando o mundo ao arrependimento e à fé nele. Somos Seus pés, prontos para levar Sua mensagem ao redor do mundo.

Então, à medida que estudamos os cinco livros da vida de Jesus — Mateus, Marcos, Lucas, João e Atos — vamos considerá-los como um guia para o nosso próprio modo de vida. E vamos, por meio da oração, convidar o Senhor para viver Sua vida através de nós.

MATEUS
CAPÍTULO 3
Eis o vosso rei!

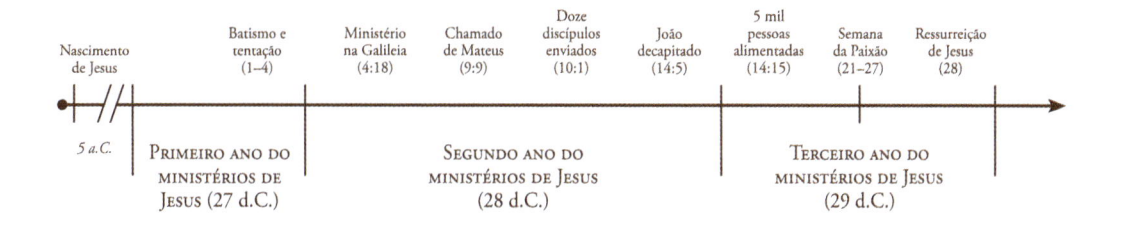

| Nascimento de Jesus | Batismo e tentação (1–4) | Ministério na Galileia (4:18) | Chamado de Mateus (9:9) | Doze discípulos enviados (10:1) | João decapitado (14:5) | 5 mil pessoas alimentadas (14:15) | Semana da Paixão (21–27) | Ressurreição de Jesus (28) |

5 a.C. | **PRIMEIRO ANO DO MINISTÉRIOS DE JESUS (27 d.C.)** | **SEGUNDO ANO DO MINISTÉRIOS DE JESUS (28 d.C.)** | **TERCEIRO ANO DO MINISTÉRIOS DE JESUS (29 d.C.)**

Cerca de um século atrás, um inglês chamado Greene estava andando pelo bosque quando se deparou com um estranho. Ele ficou admirado quando o estranho sorriu e acenou para ele. "Ó, olá, Sr. Greene!", disse o homem. Obviamente este "estranho" não era realmente um estranho – mas, mesmo esforçando-se muito, o Sr. Greene não conseguiu reconhecê-lo.

Envergonhado, mas não querendo admitir que tivesse uma péssima memória para nomes e rostos, Sr. Greene disse: "Olá! Bom te ver, meu velho! Há quanto tempo não nos vemos?".

"Bem", disse o outro homem, "foi na recepção da Lady Asquith em outubro passado, não foi? Há quase um ano".

O Sr. Greene lembrou-se da recepção da Lady Asquith, e pensou que o rosto do cavalheiro lhe parecia familiar, mas ele simplesmente não conseguia reconhecê-lo. Ainda tateando em busca de pistas, Greene perguntou: "E como está a sua esposa?".

"Muito bem", disse o outro homem.

O Sr. Greene, em seguida, acrescentou: "E você? Ainda no mesmo negócio, eu presumo?".

"Ó, sim", disse o outro homem — George V da Casa de Windsor. "Eu ainda sou o rei da Inglaterra".

Sr. Greene, eis o vosso rei!

Essa é a mensagem do evangelho de Mateus para você e para mim: *Eis o vosso rei!* Até que tenhamos examinado de perto as credenciais de Jesus como o Rei da criação e Senhor de nossa vida, não vamos conhecê-lo plenamente em toda a Sua glória.

Selado com as impressões digitais de Deus

O primeiro livro do Novo Testamento é o evangelho de Mateus. Creio que a maioria dos cristãos começa a leitura das Escrituras pelo

> **OBJETIVOS DO CAPÍTULO**
>
> O objetivo deste capítulo é revelar as dimensões únicas do evangelho de Mateus que o distinguem dos outros três evangelhos. Nele encontramos a história de Jesus, o Rei. Este capítulo mostra como a dimensão real da vida e da mensagem do Senhor tem relevância e aplicação especiais para nossa vida hoje.

início do Novo Testamento ao invés de começar com o Antigo Testamento. Mateus, então, é provavelmente o livro mais lido da Bíblia. Ernest Renan, o cético francês, chamou este livro de "o livro mais importante de toda a cristandade".

O evangelho de Mateus, no entanto, tem seus críticos. Há aqueles que afirmam que o livro não contém nada além de lendas antigas da Igreja em torno de Jesus. Alguns afirmam que o livro de Mateus não foi escrito até o século 4.º d.C. Portanto, é incerto quanto do livro é realmente verdadeiro. Outros críticos afirmam que Mateus é apenas um de muitos evangelhos que foram propagados no início da Era cristã.

Manuscrito do período neotestamentário

É verdade que outros "evangelhos" foram propagados, além dos quatro do Novo Testamento. Alguns foram supostamente escritos por Barnabé, Pedro, Tomé, até mesmo por Pôncio Pilatos! De fato, você pode encontrar mais de uma centena de documentos conhecidos como "os Apócrifos do Novo Testamento", que consistem em evangelhos, epístolas e profecias irreais (a palavra apócrifo originalmente significava "escondido", mas também passou a significar "de autenticidade duvidosa"). Quando lê esses textos, você quase sempre consegue perceber que são absurdos, improváveis, e não pertencem ao cânon aceito das Escrituras. Muitos deles foram escritos por adeptos da heresia gnóstica que crescia desenfreadamente no início da Era cristã.

Alguns críticos dizem que é por mero acaso que os quatro evangelhos sobreviveram e foram escolhidos como parte do Novo Testamento. Por volta do século 16, um teólogo alemão chamado Pappas começou a propagar a lenda de que os quatro evangelhos foram selecionados no Conselho de Niceia, em 325 d.C., da seguinte forma: todos os evangelhos em circulação naquela época foram reunidos e jogados debaixo de uma mesa, em seguida, retiraram dentre eles Mateus, Marcos, Lucas e João!

A tolice desta afirmação é evidente para qualquer um que lê os evangelhos com reflexão e cuidado, uma vez que estes quatro livros contêm as impressões digitais de Deus. O próprio padrão desses livros reflete a marca divina, e você não consegue lê-los ou compará-los com o Antigo Testamento, sem perceber que são oriundos de uma fonte inspirada.

O autor e a data de Mateus

Mateus, conhecido também como Levi, escreveu esse evangelho e era um cobrador de impostos antes de se tornar seguidor de Cristo. Seu nome significa "dom de Deus", e foi, provavelmente, lhe dado após sua conversão. Possivelmente foi um nome dado pelo próprio Senhor, assim como Jesus mudou o nome de Simão para Pedro. Estudiosos acreditam que Mateus viveu e ensinou na Palestina por 15 anos depois da crucificação, e depois começou a viajar como missionário, primeiramente para a Etiópia e, em seguida, para a Macedônia, Síria e Pérsia. Alguns historiadores acreditam que ele morreu de causa natural na Etiópia ou na Macedônia, mas isso não está comprovado.

Mateus foi escrito obviamente muito cedo — é quase certo que na metade do primeiro século. É citado, por exemplo, no famoso Didaquê, os ensinamentos dos doze apóstolos que data do início do segundo século. Papias, discípulo do apóstolo João, diz: "Mateus compôs seu evangelho em hebraico, e cada um o interpreta como é capaz". Irineu e Orígenes, dois pais da Igreja Primitiva bem familiarizados com o evangelho de Mateus, confirmam a declaração de Papias.

Mesmo no século 1.º, temos vozes judaicas que comprovam a existência anterior de Mateus. Gamaliel Segundo, um proeminente rabino, e sua irmã, Immashalom (que, aliás, significa "mulher de paz", embora ela não o fosse) pronunciaram uma maldição sobre os cristãos como "leitores das escrituras evangelísticas". Já que as únicas Escrituras evangelísticas existentes nos dias deles (cerca de 45 ou 50 d.C.) eram o evangelho de Mateus e, talvez, o evangelho de Marcos, a data da escrita deste evangelho teria que ser aproximadamente 45 ou 50 d.C.

A estrutura de Mateus

O próprio Espírito Santo forneceu o esboço do evangelho de Mateus, assim como Ele faz em vários outros livros das Escrituras. As divisões principais de Mateus estão marcadas pela repetição de uma frase em particular que aparece duas vezes e divide o livro em três seções. Primeiro, existe uma seção introdutória, a vinda do Rei, capítulos 1 a 4. Em seguida, no capítulo 4, a frase "daí por diante" marca o início da segunda seção:

Daí por diante, passou Jesus a pregar e a dizer: Arrependei-vos, porque está próximo o reino dos céus (4:17).

Quando chegamos ao capítulo 16, vemos também a frase, "desde esse tempo", introduzindo a terceira seção do livro:

Desde esse tempo, começou Jesus Cristo a mostrar a seus discípulos que lhe era necessário seguir para Jerusalém e sofrer muitas coisas dos anciãos, dos principais sacerdotes e dos escribas, ser morto e ressuscitado no terceiro dia (16:21).

Essa é a primeira menção da crucificação em Mateus. Deste ponto em diante, a cruz torna-se (literalmente) o ponto crucial do livro.

Há também subdivisões em Mateus, que são marcadas pela frase "quando [ou "depois"] Jesus acabou". A primeira é encontrada em 7:28,29, no final do Sermão do Monte: "Quando Jesus acabou de proferir estas palavras, estavam as multidões maravilhadas da sua doutrina; porque ele as ensinava como quem tem autoridade e não como os escribas."

Em 11:1, outra subdivisão é indicada: "Ora, tendo acabado Jesus de dar estas instruções a seus doze discípulos, partiu dali a ensinar e a pregar nas cidades deles."

Então, em 13:53,54, outra subdivisão é indicada: "Tendo Jesus proferido estas parábolas, retirou-se dali. E, chegando à sua terra, ensinava-os na sinagoga, de tal sorte que se

O LIVRO DE MATEUS

A vinda do Rei (Mt 1:1–4:16)

    A genealogia real 1:1-17

    O nascimento do Rei Jesus.. 1:18-25

    A visita dos magos... 2:1-12

    A fuga para o Egito e matança dos inocentes................... 2:13-23

    João Batista anuncia e batiza o Rei 3

    A tentação do Rei no deserto 4:1-16

O ministério do Rei, a pregação do Reino (Mt 4:17–16:20)

    O Rei Jesus chama os Seus discípulos e ministra na Galileia 4:17-25

    O Sermão do Monte 5–7

        A. As Beatitudes 5:1-12

        B. As similitudes 5:13-16

        C. O comentário do Rei sobre a lei, assassinato, adultério, divórcio, juramentos, perdão, amor, caridade, oração, jejum, dinheiro e julgar os outros 5:17–7:6

        D. Instrução sobre a vida no reino 7:7-29

    Milagres do poder do Rei, incluindo as curas dos leprosos, o servo do centurião e da sogra de Pedro; acalmar o mar; autoridade sobre os demônios; o perdão dos pecados do paralítico 8:1–9:34

    A entrega de poder do Rei aos Seus discípulos................. 9:35–11:1

    João Batista; Jesus é rejeitado.. 11:2–12:50

    Parábolas de Jesus sobre as consequências por rejeitá-lo..... 13:1-53

    Israel continua a rejeitar o Rei 13:54–16:20

O Rei se volta para a cruz (Mt 16:21–28:20)

Jesus fala a Seus discípulos sobre Sua morte iminente,
o surgimento da Igreja, e Sua segunda vinda 16:21-28

A transfiguração de Jesus no monte 17:1-13

Jesus instruiu Seus discípulos sobre uma variedade
de assuntos práticos, incluindo a fé, a humildade,
lidar com ofensas, impostos, divórcio 17:14–20:28

O Rei é reconhecido pelos cegos 20:29-34

A entrada triunfal e a purificação do Templo 21:1-17

A maldição sobre a figueira 21:18-22

Conflito com os líderes religiosos 21:23–23:39

Previsões da segunda vinda do Rei.. 24–25

A Ceia do Senhor e o Rei é traído 26:1-35

Jesus preso no jardim, julgado diante de Caifás e Pilatos 26:36–27:25

A crucificação do Rei 27:26-66

O túmulo vazio.. 28:1-8

Jesus aparece às mulheres e a Seus discípulos 28:9-17

A Grande Comissão .... 28:18-20 maravilhavam e diziam: Donde lhe vêm esta sabedoria e estes poderes miraculosos?"

Por fim, em 19:1,2, outra subdivisão é indicada: "E aconteceu que, concluindo Jesus estas palavras, deixou a Galileia e foi para o território da Judeia, além do Jordão. Seguiram-no muitas multidões, e curou-as ali."

Observe que cada uma dessas subseções introduz uma completa mudança de direção no ministério do Senhor e na direção do livro. Elas marcam as divisões do evangelho de Mateus.

A genealogia do Rei

Pelo fato de Mateus ser o evangelho do Rei, a primeira divisão do livro (Mt 1:1–4:16) diz respeito a preparação do Rei para o ministério e Sua genealogia.

A ancestralidade de um rei é muito importante dado que o seu direito ao reinado é baseado em sua linhagem real. Então Mateus inicia com uma genealogia completa, traçando a ascendência de Jesus desde Abraão até José, Seu padrasto ou pai adotivo, que era o marido de Maria. O Senhor recebe de José o Seu direito real sobre o trono e Seu direito hereditário por meio de Maria, sua mãe genética, que era também da linhagem real de Davi.

Os dois primeiros capítulos de Mateus estabelecem a conexão terrena de Jesus — Sua linhagem real e nascimento humano. Estes capítulos o firmam na história humana, no tempo e no espaço. No terceiro capítulo, Seu batismo estabelece Suas credenciais divinas e autoridade. Aqui lemos sobre os céus se abrindo e Deus Pai declarando que Jesus é Seu Filho amado. Naquele momento, a realeza de Jesus foi estabelecida não de acordo com uma linhagem humana, mas de acordo com o padrão celestial. Jesus é Rei por direito de ser o Filho do Rei-Criador do Universo.

O teste de Jesus em Sua humanidade

Em Mateus 4, testemunhamos o teste do Rei no deserto, onde foi tentado pelos poderes das trevas. Com fome, cansado e sozinho, Jesus foi conduzido pelo Espírito a um lugar onde o inferno foi liberado sobre Ele, onde foi permitido ao próprio Satanás tentar a sua melhor jogada. A tentação de nosso Senhor é a chave para o evangelho de Mateus. Ele foi testado como um representante da raça humana. Jesus foi para o deserto como o Filho do Homem e é testado para provar se poderia ou não cumprir a intenção de Deus em favor da humanidade. Os seres humanos são constituídos de corpo, alma e espírito, e Jesus foi testado no deserto em cada um desses três níveis.

Primeiro, Jesus foi testado no nível das exigências do corpo. A paixão dominante do corpo é a autopreservação. A primeira tentação de nosso Senhor veio sobre esse nível mais básico. Ele continuaria a ser a pessoa de Deus, mesmo quando confrontado por um desafio extremo à Sua própria vida? Durante 40 dias e noites Ele não comeu, e então: "...o tentador, aproximando-se, lhe disse: Se és Filho de Deus, manda que estas pedras se transformem em pães" (4:3). Mas Ele firmemente permaneceu na vontade do Pai apesar de Sua grande fome e necessidade.

Em seguida, Jesus foi testado em sua da alma — isto é, através da paixão dominante da alma, que é a autoexpressão. Nesse nível, todos nós desejamos revelar o nosso ego, mostrar o que podemos fazer, nos expressar. Este é o principal impulso da alma humana. Foi durante este teste que o Senhor foi levado até o topo do Templo e teve a oportunidade de lançar-se para baixo a fim de ser resgatado pelos anjos, e conquistar a aclamação de Israel. Tal tentação age sobre o desejo de status, para manifestar o orgulho da vida. Porém, Jesus se mostrou fiel a Deus apesar dessa pressão que lhe sobreveio.

Finalmente, Jesus foi testado no mais profundo, na parte mais essencial de Sua humanidade — o espírito. A paixão dominante do espírito humano é a adoração. O espírito está sempre procurando algo para adorar. Por isso é que os seres humanos são seres essencialmente religiosos; nosso espírito anseia por um ídolo, um herói, algo ou alguém para adorar:

> *Levou-o ainda o diabo a um monte muito alto, mostrou-lhe todos os reinos do mundo e a glória deles e lhe disse: Tudo isto te darei se, prostrado, me adorares.*
>
> *Então, Jesus lhe ordenou: Retira-te, Satanás, porque está escrito: Ao Senhor, teu Deus, adorarás, e só a ele darás culto.*
>
> *Com isto, o deixou o diabo, e eis que vieram anjos e o serviram* (4:8-11).

Portanto, Jesus passou no teste triplo. Ele revelou ser plenamente humano conforme Deus planejou que fosse Sua humanidade.

No Sermão do Monte, Jesus começa a colocar esse mesmo teste para o povo de Israel. Em todo o Antigo Testamento, vemos que Deus tinha escolhido Israel para ser o Seu canal de comunicação com a humanidade. Em contrapartida, esse povo se considerava o favorito de Deus. Agora, a nação é provada com o mesmo teste pelo qual o próprio Jesus tinha passado.

Esta é a essência do evangelho de Mateus. Ele traça para nós o caminho por meio do qual o Filho de Deus veio ao mundo, apresentou-se como Rei de Israel — primeiro no nível do físico, em seguida, no nível da alma. Quando Ele foi rejeitado nesses dois níveis, Ele passou para o reino do mistério do espírito humano. Na escuridão e mistério da cruz, Ele realizou a obra redentora que restauraria os seres humanos ao seu Criador — em corpo, alma e espírito.

Redenção, portanto, começa com o espírito. A obra de Cristo em nossa própria vida não nos muda até que tenha alcançado o nível de nosso espírito, a fonte de nossa adoração. Podemos ser atraídos para Cristo no nível do corpo, porque Ele supre a nossa necessidade física de segurança, abrigo e sustento diário. Ou podemos ser atraídos a Ele no nível da alma, porque o Senhor satisfaz nossa necessidade de afirmação, autoestima e autoexpressão.

Mas se o nosso relacionamento com Cristo não adentra as profundezas do nosso espírito, não fomos de fato transformados mediante a vida dele. Devemos estar integralmente comprometidos com Ele — corpo, alma e espírito.

Israel é testado na esfera do físico

O ministério de Jesus começa, como vimos em Mt 4:17, com as palavras: "Daí por diante, passou Jesus a pregar e a dizer: Arrependei-vos, porque está próximo o reino dos céus." Então vem o Sermão do Monte, onde temos a apresentação do Rei e as leis do reino. Isso vai do restante do capítulo 4 até o capítulo 7.

As regras para viver o reino, propostas no Sermão do Monte, são vistas como uma das mensagens mais significativas jamais entregues, e nos confronta em nossa vida física comum. Dois pecados no corpo são relacionados: assassinato e adultério. A vida de Deus nos é ilustrada no campo das esmolas e do jejum: atos físicos. Vemos Deus como Aquele que cuida de nós de tal maneira que não é necessário pensar no amanhã — como se alimentar ou vestir, preocupações que nos chegam no nível físico. Ao invés de se preocupar com comida ou bebida, Jesus diz: "...buscai, pois, em primeiro lugar, o seu reino e a sua justiça, e todas estas coisas [físicas] vos serão acrescentadas" (6:33). De fato, o Senhor está dizendo: "Eu sou a resposta a todas as suas necessidades físicas". Ele primeiro oferece a si mesmo à nação — e a nós — nesse nível.

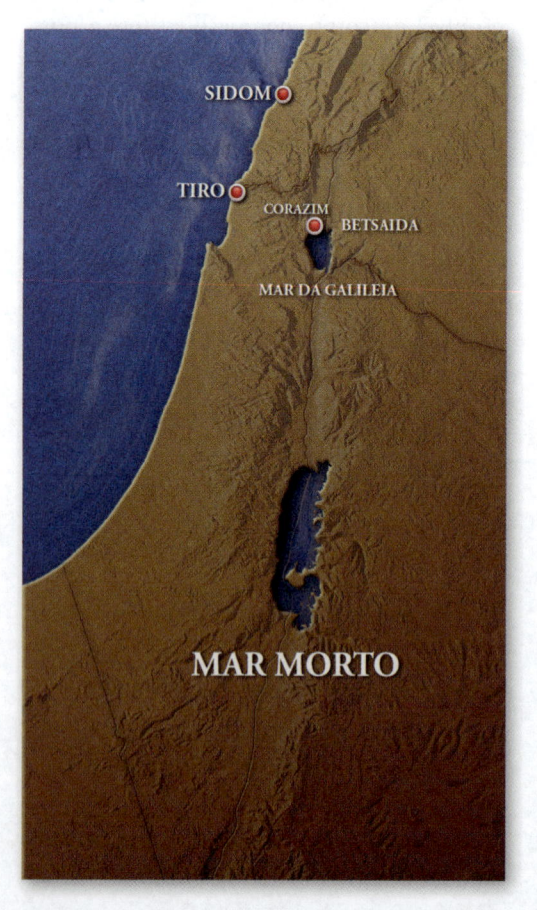

O Sermão do Monte é seguido por uma seção sobre milagres, e nos capítulos 8 a 12, testemunhamos os milagres físicos do reino. Estes milagres são ilustrações dos benefícios que o nosso Senhor concede no nível da vida física. Não é apenas uma demonstração de efeitos especiais ao estilo de Hollywood. Na verdade, é incrível como esses milagres são corriqueiros. Não há exibição de luzes, fogo, ou efeitos sonoros — apenas uma demonstração simples e digna do poder de nosso Senhor sobre todas as forças que afetam o corpo: demônios, doença e morte. Sua autoridade na área do corpo é régia, soberana e suprema.

Na sequência dos milagres vem uma seção contendo várias parábolas sobre o reino, onde a rejeição do reino é declarada em forma de mistério. É óbvio que a nação rejeitaria a oferta do Senhor de si mesmo como rei nesse nível físico, desta forma, uma nova palavra aparece: "Ai". No capítulo 11, Jesus declara: "Ai de ti, Corazim! Ai de ti, Betsaida!" Ai daqueles que não creram. O julgamento é pronunciado sobre a nação na esfera física.

Os mistérios do reino são encontrados no capítulo 13, onde as parábolas são proferidas com a verdade incorporada em símbolos — a parábola do semeador e as sementes, a parábola do trigo e do joio, a parábola do grão de mostarda, a parábola do fermento e a parábola da rede de peixes. Esta seção inteira — Mt 13:54 a 16:20 — está relacionada com alimento. Há o alimentar de 5 mil homens, além de mulheres e crianças no capítulo 14; as perguntas sobre o que contamina uma pessoa no capítulo 15; o episódio com a mulher cananeia que pediu a Jesus para curar sua filha, comparando seu pedido à mendicância por migalhas da mesa do Senhor; a alimentação de 4 mil homens, além de mulheres e crianças no capítulo 15; e o fermento dos fariseus e dos saduceus no capítulo 16.

Por fim, em 16:13-20, encontramos a revelação da pessoa de nosso Senhor a Pedro naquele momento maravilhoso quando Pedro tem a primeira percepção sobre a verdadeira natureza de seu Amigo, Jesus:

> *Respondendo Simão Pedro, disse: Tu és o Cristo, o Filho do Deus vivo. Então, Jesus lhe afirmou: Bem-aventurado és, Simão Barjonas, porque não foi carne e sangue que to revelaram, mas meu Pai, que está nos céus* (16:16,17).

Neste momento, a mensagem de nosso Senhor dá uma virada significativa. Aqui está o ponto de transição de onde Jesus vai além da esfera física da nossa humanidade e começa a adentrar as profundezas da alma humana.

Israel é testado na esfera da alma

O teste de Israel na área física foi composto por uma passagem narrativa detalhando o ministério de Jesus, seguido de várias parábolas. A seção seguinte é estruturada da mesma forma — uma narrativa do ministério do Senhor seguida por Suas parábolas.

Começando com 16:21, vemos o segundo ministério de Jesus à nação, desta vez Ele se oferece a Israel na esfera da alma. Sua primeira revelação (16:21–18:35) foi somente aos discípulos, pois eles deveriam ser o núcleo da futura Igreja. Aqui encontramos a transfiguração e a primeira citação de Sua morte.

Em seguida, vêm as parábolas do Rei, que são primeiramente dirigidas aos discípulos e depois à nação. Cada parábola apresenta Jesus como o Rei, que tem o direito não só de comandar, mas de julgar o caráter dos outros. Os discípulos estavam dispostos a segui-lo? Estavam dispostos a obedecê-lo? Dispostos a deixar o Senhor moldar o caráter deles?

Em Mateus 18, o Senhor dá instruções sobre como conviver bem com as outras pessoas, como amar, perdoar e reconciliar-se uns com os outros. É uma obra-prima de instruções práticas para a vida cotidiana e relacionamentos saudáveis. Se praticássemos fielmente os princípios de Mateus 18 na Igreja, o mundo seria transformado por nosso exemplo.

Em Mateus 19, Jesus ensina sobre casamento, divórcio, ética sexual e moral, também sobre manter promessas e a veracidade. Mais uma vez, Sua instrução é direcionada à nossa alma — e se guardássemos o Seu ensinamento, mudaríamos o mundo.

Alegra-te muito, ó filha de Sião! Escreveu o profeta Zacarias. *Exulta, ó filha de Jerusalém: eis aí te vem o teu Rei, justo e salvador, humilde, montado em jumento, num jumentinho, cria de jumenta* (Zc 9:9). A profecia de Zacarias foi cumprida quando Jesus entrou triunfalmente na cidade de Jerusalém, exatamente da maneira descrita pelo profeta. Mateus 21 apresenta a história da entrada triunfal de Jesus em Jerusalém.

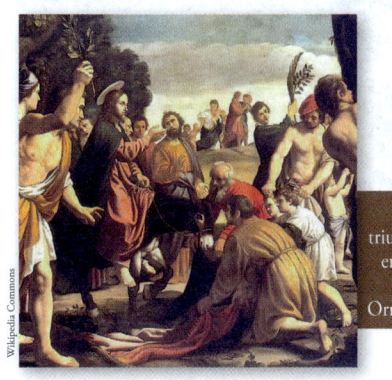

"Entrada triunfal de Jesus em Jerusalém" por Pedro Orrente (1620).

Entretanto, o triunfo logo dá lugar ao julgamento, enquanto o Senhor entra na cidade e pronuncia o Seu julgamento sobre os pecados da nação. Ele adentra ao Templo, interrompe as ofertas e expulsa os cambistas corruptos.

Em Mateus 23 você pode ouvir a palavra *ai* pronunciada como num ritmo do açoite de um chicote: Versículo 13 — "Ai de vós, escribas e fariseus, hipócritas!" Versículo 15 — "Ai de vós, escribas e fariseus, hipócritas!" Versículo 16 — "Ai de vós, guias cegos!" Versículo 23 — "Ai vós, escribas e fariseus, hipócritas!" A mesma frase continua a ressoar nos versículos 25, 27 e 29.

Os capítulos 24 e 25 contêm a famosa seção de instrução conhecida como o Sermão Profético. Esse discurso contém as instruções do Senhor para o remanescente cristão sobre o que fazer até que Ele volte. Ele revela como a história do mundo vai se moldar, o que vai acontecer nos anos seguintes, quais forças vão atuar sobre a Terra, e como o julgamento daqueles dias vai abalar e testar o próprio povo de Deus. O Senhor declara que estes poderão suportar somente na força do Espírito Santo.

Finalmente, nos capítulos 26 a 28, vemos a traição, o julgamento e a crucificação do Senhor Jesus Cristo. Voluntariamente, Jesus entra no vale da sombra da morte. Lá, sozinho e abandonado por Seus amigos, Ele entra em luta com os poderes das trevas. No mistério da cruz, Cristo se apodera das forças que dominam o espírito humano e as destrói. Embora Mateus apresente Jesus como Rei, a única coroa que Ele usou em Sua vida terrena foi a coroa de espinhos; Seu único trono foi a cruz sangrenta; Seu único cetro foi um caniço quebrado.

Israel é testado na esfera do espírito

Após a crucificação ocorre um evento tão surpreendente que representa uma completa ruptura histórica de tudo o que aconteceu anteriormente: A ressurreição de Jesus Cristo. Quando Jesus ressurgiu dos mortos, Ele transcendeu a esfera do físico e da alma. Ele adentrou para a esfera do espírito humano. O espírito é a chave para o domínio da vida.

Por meio da cruz e da ressurreição, o Senhor possibilitou a entrada no Santo dos Santos da nossa humanidade — o espírito — a fim de que Deus pudesse fazer em nós Sua morada. A grande mensagem do evangelho, então, é que Deus não está fora, mas dentro de nós. Ele está pronto e esperando para fazer Sua habitação no centro do coração da pessoa faminta e sedenta, e derramar Sua bênção, caráter e o Seu ser nessa vida. Quando o Rei é entronizado numa vida humana, o reino de Deus está presente na Terra.

Esta é a mensagem central do livro de Mateus: *Arrependei-vos, porque está próximo o*

Monte Calvário ou Gólgota, a leste de Jerusalém.

reino dos céus. O céu não é algum lugar no espaço; está aqui entre nós, invisível, mas real na vida daqueles que recebem Jesus como Senhor e Salvador. Onde o Rei estiver, lá estará o reino. Se o Rei Jesus estiver entronizado no coração, então, o reino de Deus terá chegado.

O evangelho de Mateus nos desafia com a questão mais crucial e pessoal que confronta cada ser humano: "Jesus Cristo é rei de sua vida?". Um rei é mais do que um salvador; um rei é soberano. O Rei Jesus quer ocupar cada canto de nossa vida. Se tivermos recebido Jesus apenas como o Salvador de nosso corpo ou o Salvador de nossa alma, então, ainda não o tornamos nosso Rei. Ele deve adentrar e conquistar cada milímetro quadrado de nossa vida, até mesmo os lugares mais profundos do espírito.

Jesus já entrou em seu espírito e dominou o seu coração? Até que você o conheça e o receba como Rei, você ainda não terá encontrado Jesus de verdade.

Que possamos responder em obediência à mensagem de Mateus. Que possamos contemplar nosso Rei e permitir que Ele reine em nossa vida. Que possamos lançar fora o trono de nosso próprio ego, vontade e orgulho, e substituí-lo pelo trono glorioso de Jesus, a cruz do Calvário. Então, Seu governo em nossa vida será completo — corpo, alma e espírito.

PERGUNTAS PARA DISCUSSÃO

MATEUS
Eis o vosso rei!

1. A genealogia de Jesus, o Rei, em Mateus, contém os nomes de quatro mulheres com credenciais questionáveis: Tamar, a nora de Judá (ela se disfarçou de prostituta e seduziu Judá em Gn 38), Raabe (a prostituta que ajudou os espias de Josué, Js 2), Rute (uma mulher gentia de Moabe, Rt 1) e Bate-Seba (que cometeu adultério com o Rei Davi, 2Sm 11). Por que você acha que Deus incluiu estas mulheres na linhagem de Jesus?

2. Leia Mt 2:1-12. Por que Deus guiou os magos — três astrólogos pagãos — para encontrar o menino Jesus? Os magos tinham pesquisado as Escrituras hebraicas para aprender sobre o nascimento do Rei dos judeus e viajaram centenas de quilômetros para achá-lo. Embora os líderes religiosos em Jerusalém tivessem as mesmas Escrituras e vivessem apenas a alguns quilômetros do local do nascimento do Rei, eles perderam esse acontecimento! Por que os líderes religiosos judeus não reconheceram este evento, há tanto profetizado, que acontecia debaixo de seus narizes? Será que, às vezes, estamos muito perto da verdade para vê-la?

3. Em Mateus 4, o Rei Jesus foi testado no deserto. Ele foi tentado por Satanás nas três áreas de Sua humanidade — corpo, alma e espírito. Como Jesus resistiu a este teste e tentação? O que podemos aprender com a tentação de Cristo e praticar em nossa vida?

4. Depois de ter sido tentado, Jesus começou a pregar: "Arrependei-vos, porque está próximo o reino dos céus." Então, em Mt 5-7, Ele estabeleceu as leis do reino no Sermão do Monte. Como, na sua opinião, Seus ouvintes responderam a essa mensagem? Imagine como você teria respondido a afirmações como estas:

- *Bem-aventurados sois quando vos perseguirem.*
- *Se alguém te obrigar a andar uma milha, vai com ele duas.*
- *Amai os vossos inimigos e orai pelos que vos perseguem.*
- *Não podeis servir a Deus e às riquezas.*
- *Buscai, pois, em primeiro lugar, o seu reino e a sua justiça.*
- *Tudo quanto, pois, quereis que os homens vos façam, assim fazei-o vós também a eles.*
- *Porque estreita é a porta, e apertado, o caminho que conduz para a vida.*

Se você nunca tivesse ouvido tais ensinamentos antes, seria atraído para este Rei — ou rejeitaria Sua mensagem?

5. No Sermão do Monte, de fato, Jesus disse: "Eu sou o Rei e estas são as regras do meu reino. Eu sou a resposta às suas necessidades." Depois, em Mateus 8 a 12, Jesus realiza uma série de milagres — os milagres físicos do reino. Estes são demonstrações do poder soberano de nosso Senhor sobre demônios, doença e morte. Um dos milagres foi a ressurreição da filha de um governante. Essa história está relacionada à dignidade e simplicidade:

Tendo Jesus chegado à casa do chefe e vendo os tocadores de flauta e o povo em alvoroço, disse: Retirai-vos, porque não está morta a menina, mas dorme. E riam-se dele. Mas, afastado o povo, entrou Jesus, tomou a menina pela mão, e ela se levantou (Mt 9:23-25).

Por que Jesus disse que a menina estava "dormindo" quando ela estava realmente morta? Que ação ou ações Jesus executou a fim de levantá-la dos mortos? Por que você acha que Mateus conta esta história em tão poucas palavras, sem teatralidade? O que essa história nos conta sobre a autoridade do reino de Jesus?

6. Leia Mt 11:1-14. Por que João Batista (que estava na prisão) enviou discípulos para perguntar a Jesus se Ele era o Messias prometido? Por que João começou a duvidar de que Jesus era o Ungido de Deus? Era simplesmente porque a prisão de João o tinha deixado deprimido e desanimado? Ou João esperava um tipo diferente de Messias e Rei do que Jesus agora aparentava ser?

7. Leia Mt 13:10-17 e 34–35. Ray Stedman escreve: "Na sequência dos milagres vem uma seção contendo várias parábolas sobre o reino, onde a rejeição do reino é declarada em forma de mistério. É óbvio que a nação rejeitaria a oferta do Senhor de si mesmo como rei [...]. Os mistérios do reino são encontrados no capítulo 13, onde as parábolas são proferidas com a verdade incorporada em símbolos."

Por que muito do ensino de Jesus foi apresentado em parábolas? Ele estava tentando revelar a verdade, esconder a verdade — ou as duas coisas? Explique sua resposta.

APLICAÇÃO PESSOAL

8. Em Mt 26–28, testemunhamos a traição, julgamento e crucificação de Jesus, o Rei. O autor escreve: "Embora Mateus apresente Jesus como Rei, a única coroa que Ele usou em Sua vida terrena foi a coroa de espinhos; Seu único trono foi a cruz sangrenta; Seu único cetro foi um caniço quebrado".

Por que Jesus teve que morrer? A vida lhe foi tomada — ou Ele a entregou voluntariamente? Sua morte foi necessária para sermos salvos dos nossos pecados? Você tem certeza de que foi salvo dos seus pecados? Se sim, qual a base de sua salvação? (Veja 1Pe 2:24 e Ef 2:8,9).

9. Jesus demonstrou a Sua autoridade real sobre a vida e a morte, céu e inferno, tempo e eternidade. O autor escreve que o Senhor "tornou possível a entrada no Santo dos Santos da nossa humanidade — o espírito — a fim de que Deus pudesse fazer em nós Sua morada. […] Onde o Rei estiver, lá estará o reino. Se o Rei Jesus estiver entronizado no coração, então, o reino de Deus terá chegado".

O Rei Jesus está entronizado em seu coração, em seus pensamentos, vontade e ações? Ele é o seu Senhor e Rei, bem como seu Salvador? Se ainda não, por que não? Quais passos você pode dar esta semana para entronizar Jesus como Rei da sua vida?

Observação: Para uma pesquisa mais aprofundada sobre as profecias de Jesus em Seu Sermão Profético, leia *What on Earth Is Happening? What Jesus Said about the End of the Age* [O que está acontencendo? O que Jesus disse sobre o fim dos tempos], escrito por Ray C. Stedman (Discovery House Publishers, 2003).

MARCOS
Ele veio para servir

CAPÍTULO 4

João Batista	Batismo e tentação (1:12)	Chamado de Mateus (2:14)	Doze discípulos escolhidos (3:14)		João decapitado (6:35)	5 mil pessoas alimentadas (6:35)	Semana da Paixão (11–15)	Ressurreição de Jesus (16)	
5 a.C.	Primeiro ano do ministérios de Jesus (27 d.C.)				Segundo ano do ministérios de Jesus (28 d.C.)		Terceiro ano do ministérios de Jesus (29 d.C.)		Ascensão

Mohandas Karamchand "Mahatma" Gandhi andava descalço, vestindo as roupas simples dos pobres, e viajava a pé ou de trem na classe mais barata. Ele escolheu construir sua casa na favela, entre as pessoas pobres que amava. Gandhi liderou uma batalha sem violência para que o povo da Índia tivesse seu próprio governo. Embora ele fosse da religião hindu, estudou a vida de Jesus e modelou suas ações espelhando-se no modelo de serviço de Cristo.

Gandhi

Em 1931, Gandhi foi a vários países europeus para visitar seus líderes. Onde quer que fosse, ele levava uma cabra consigo como símbolo de sua humildade. Quando foi a Roma para ver o ditador italiano Mussolini, chegou como sempre, vestido com roupas de mendigo, levando sua cabra puxada por uma corda. Os filhos de Mussolini riram quando viram o homem magro, calvo, aparentemente frágil — mas o ditador exclamou: "Este velho esquelético e sua velha cabra esquelética estão sacudindo o Império Britânico".

Esse é o poder de um servo genuíno: o poder de sacudir reinos, poder que foi primeiramente exemplificado para nós pelo maior servo de todos os tempos, Jesus Cristo, o Servo-Senhor.

O evangelho de Marcos, o segundo livro do Novo Testamento, é o mais breve dos quatro evangelhos, com apenas 16 capítulos. É facilmente lido em um só dia. Sua brevidade

OBJETIVOS DO CAPÍTULO

O objetivo deste capítulo é apresentar os temas singulares do evangelho de Marcos, o evangelho de Jesus, o Servo. Este capítulo investiga a atitude de servo de Jesus e mostra como tanto Sua autoridade de servo (como o Servo de Deus Pai) como Sua atitude humilde de servo são especialmente relevantes para nossa vida cristã hoje.

O LIVRO DE MARCOS

O ministério do Servo (Mc 1:1–8:30)

As credenciais do Servo; João Batista anuncia e batiza Jesus 1:1-11

O teste do Servo; tentação no deserto 1:12,13

O ministério do Servo; milagres, curas,
autoridade sobre os demônios e doenças 1:14–2:12

Controvérsia e oposição à amizade de Jesus
com os pecadores; trabalhar no sábado 2:13–3:35

Quatro parábolas do Servo: os solos, a candeia,
a semente, o grão de mostarda 4:1-34

Quatro milagres do Servo: o mar é acalmado,
demônios entram nos porcos, a ressurreição da filha
de Jairo, a cura da mulher com um fluxo de sangue 4:35–5:43

Oposição crescente ao servo, e a morte de João Batista 6:1–8:21

A cura do cego de Betsaida 8:22-26

A confissão de Pedro sobre o Cristo 8:27-30

A obra de resgate do Servo (Mc 8:31–16:20)

Jesus começa a ensinar sobre a Sua morte iminente	8:31–8:38
Jesus é transfigurado no Monte	9:1-13
Jesus liberta um menino endemoninhado	9:14-29
Jesus prepara Seus discípulos para Sua morte	9:30-32
Ensinamentos sobre serviço; morte e inferno; casamento e divórcio; crianças; riqueza; e a recompensa eterna, incluindo a história do jovem rico	9:33–10:31
Jesus outra vez prediz a Sua morte e ensina sobre serviço	10:32-45
O cego Bartimeu é curado	10:46-52
A entrada triunfal em Jerusalém e a purificação do Templo	11:1-19
Instrução sobre oração	11:20-26
Oposição dos líderes religiosos	11:27–12:44
Jesus no final dos tempos, a tribulação e a segunda vinda	13
O julgamento e a crucificação	14–15
A ressurreição, aparições e a ascensão de Jesus	16

é, provavelmente, a razão pela qual este é o livro mais traduzido do Novo Testamento. Os tradutores da *Wycliffe* geralmente começam seu trabalho de tradução com o evangelho de Marcos, porque ele fornece sucintamente toda a história do evangelho.

O autor de Marcos

O escritor do evangelho de Marcos foi um jovem chamado João Marcos, que acompanhou Paulo em sua primeira viagem missionária e provou ser um servo em quem não se podia confiar. Ele não aguentou a pressão e voltou para casa. Curiosamente, o Espírito Santo escolheu este homem, que tinha mostrado características de não ser confiável no início de sua carreira, para registrar a absoluta confiança, credibilidade e fidelidade do Servo de Deus, o Senhor Jesus Cristo.

Marcos foi companheiro de Pedro, um dos amigos mais próximos do Senhor em Seu ministério terreno. Assim, o evangelho de Marcos contém muitos dos pensamentos, ensinamentos e primeiras impressões de Pedro. Dos quatro evangelistas, Mateus e João foram discípulos de Jesus, Lucas recebeu seu evangelho por meio do ensino do apóstolo Paulo, e Marcos recebeu seu evangelho aos pés de Pedro — embora o apóstolo Pedro tenha escrito duas cartas do Novo Testamento, ele não escreveu um evangelho.

Em Atos 10, Pedro nos dá um breve resumo de tudo o que está registrado no evangelho de Marcos. Na casa de Cornélio, Pedro ficou em pé e disse às pessoas "como Deus ungiu a Jesus de Nazaré com o Espírito Santo e com poder, o qual andou por toda parte, fazendo o bem e curando a todos os oprimidos do diabo, porque Deus era com ele" (At 10:38).

Se você quiser conhecer Marcos pessoalmente, vá ao capítulo 14. Lá, no relato da prisão de Jesus no Jardim do Getsêmani, pouco antes da crucificação, encontramos o único relato da aparição de Marcos entre os discípulos. Nos versículos 51,52, lemos:

Seguia-o um jovem, coberto unicamente com um lençol, e lançaram-lhe a mão. Mas ele, largando o lençol, fugiu desnudo.

Nenhum outro evangelho registra isso, e é quase certo que esse jovem era Marcos. Ele era filho de uma mulher rica em Jerusalém e é muito provável que sua mãe fosse a proprietária da casa onde os discípulos se reuniram no cenáculo. Marcos, portanto, estava presente em alguns desses eventos. A maioria dos estudiosos da Bíblia está convencida de que este incidente está incluído neste evangelho porque ele próprio estava envolvido.

Esboço de Marcos, o evangelho do Servo

Todo o evangelho de Marcos é resumido em uma frase: "Pois o próprio Filho do Homem não veio para ser servido, mas para servir" (Mc 10:45). Nesse curto versículo, você tem o esboço deste evangelho, porque a frase conclusiva deste versículo continua dizendo: "e dar a sua vida em resgate por muitos." De Mc 1:1 a 8:30, o tema do livro é o ministério do Servo. A partir do 8:31 até o fim do livro, o tema é a obra de resgate do Servo.

Na primeira metade do livro, de 1:1 a 8:30, dois aspectos do ministério do Servo estão enfatizados: Sua autoridade e Seu impacto sobre as pessoas. Observe primeiramente os sinais de Sua autoridade.

A autoridade do Servo

Aqueles que ouviram Jesus falar se encheram de admiração. Na verdade, disseram: "Ele não ensina como os escribas e fariseus... fala com autoridade e com poder. O que Ele nos diz perfura nossos corações como uma furadeira!".

Por que Jesus falava com tanta autoridade? Porque, como o Servo de Deus, Ele conhecia os segredos do Pai. Ele tornou esses segredos manifestos aos seres humanos. A verdade em Suas palavras nos faz parar e nos convence do nosso pecado e de nossa necessidade por Ele.

Os escribas e fariseus precisavam reforçar suas palavras com referências a autoridades e citações de outros, mas não Cristo. Jesus nunca cita qualquer outra fonte a não ser a Palavra de Deus. Ele fala com determinação e autoridade. Ele nunca arrisca uma mera opinião, jamais hesita ou se equivoca. Fala com a mesma autoridade que Aquele que certa vez disse: *Haja luz*, e o Universo veio a existir.

Esta parte de Marcos ressalta a autoridade de Jesus sobre o mundo das trevas, um mundo sobre o qual ponderamos muito casualmente. Um exemplo importante de quão seriamente subestimamos os poderes das trevas é a observância, em alguns países, de uma data chamada *Halloween* [Dia das Bruxas]. Nesta data, mostramos nosso fraco conhecimento quanto à existência de espíritos malignos. O dia é celebrado como uma divertida homenagem a um panteão de duendes, fantasmas e bruxas em vassouras — uma distorção da verdadeira natureza do mal que entorpeceu nossos sentidos para a realidade do mundo espiritual. Por trás da fachada divertida do Halloween está um mundo real e mortal de poder demoníaco que oprime o ser humano e influencia acontecimentos humanos.

Repetidamente em todo o evangelho de Marcos, vemos a autoridade do Servo de Deus sobre as forças das trevas. Jesus conhece os poderes do mau, as paixões das trevas que trabalham atrás dos bastidores da história. Paulo chama esses poderes demoníacos de "espíritos enganadores" (1Tm 4:1). Jesus tem a autoridade

Localização da casa de Pedro em Cafarnaum, segundo a tradição.

final sobre esses poderes — mas eles podem nos causar grandes danos se não nos colocarmos sob a proteção do senhorio de Cristo.

Marcos retrata fielmente a atividade demoníaca. Esses poderes influenciam as pessoas a fazer coisas estranhas — a isolarem-se no deserto, longe do restante da comunidade, a se comportarem sem respeito às leis (ilegalidade é sempre uma marca de influência demoníaca), a atormentarem-se e atacarem os outros, a tornarem-se uma ameaça para a sociedade.

Marcos descreve um endemoninhado como alguém que "está fora de si" (Mc 3:21 na ARA e na NVI). Bem, *fora de si* é uma frase significativa, não é? Imagine ele estando ao seu lado — uma personalidade dividida, alienado de seu próprio eu. Essa é uma das marcas da influência demoníaca. Apesar do imenso poder dos demônios, o Senhor Jesus tem autoridade sobre todos eles.

Cristo, o Servo, também tem autoridade sobre as doenças. O primeiro relato desse poder em ação é a cura da sogra de Pedro. Isso sempre foi uma cena tocante para mim. As pessoas hoje fazem piadas sobre sogras, mas Pedro amava e estava muito preocupado em relação à mãe de sua esposa. Jesus a tocou e a febre a deixou. Então as pessoas da cidade reuniram-se à porta e Ele curou cada uma delas (Mc 1:30-34).

O relato seguinte envolve a cura de um leproso (Mc 1:40-45). Jesus não só curou o leproso, mas *tocou* nele. Ninguém tocava em um leproso naqueles dias. A lei de Moisés (que legislava sobre saúde, higiene e a moral) não permitia que as pessoas tocassem em leprosos, e leprosos tinham que gritar o aviso — "Imundo! Imundo!" — por onde quer que fossem. Ninguém pensaria em tocar em alguém com lepra, mas o coração compassivo do Servo é revelado quando Jesus toca o leproso, cura-o e o envia ao sacerdote. Este é o primeiro exemplo em toda a Escritura de um leproso sendo curado de acordo com a lei de Moisés e enviado ao sacerdote, conforme exigido pela lei.

O impacto do Servo sobre as pessoas

A segunda grande ênfase do evangelho de Marcos diz respeito ao impacto poderoso que Jesus tinha sobre as pessoas. Um servo sempre impacta as pessoas a quem serve. À medida que Jesus, o Servo, realizava Seu ministério, as pessoas lhe correspondiam. Algumas dessas respostas eram fortemente favoráveis; outras fortemente desfavoráveis. Ninguém tratava Jesus com indiferença. Ele inspirava devoção — ou ódio.

Vemos o impacto que Ele teve sobre Seus próprios discípulos depois de alimentar as 5 mil pessoas, em seguida, caminhar sobre as águas e acalmar a tempestade no mar.

E subiu para o barco para estar com eles, e o vento cessou. Ficaram entre si atônitos, porque não haviam compreendido o milagre dos pães; antes, o seu coração estava endurecido (6:51,52).

Este endurecimento do coração era característico das atitudes de muitos em relação ao Senhor em Seu ministério como Servo.

No capítulo 7, você encontra a hipocrisia e a crítica dos fariseus — mas também a aceitação admirada de muitos que foram profundamente impactados depois de verem Seus milagres de cura.

Maravilhavam-se sobremaneira, dizendo: Tudo ele tem feito esplendidamente bem; não somente faz ouvir os surdos, como falar os mudos (7:37).

Essa é a marca de um coração que crê, o coração de alguém que pode dizer de Jesus: "Ele faz todas as coisas bem". Marcos continua e registra um ato muito significativo de nosso Senhor.

Então, chegaram a Betsaida; e lhe trouxeram um cego, rogando-lhe que o tocasse. Jesus, tomando o cego pela mão, levou-o para fora da aldeia e, aplicando-lhe saliva aos olhos e impondo-lhe as mãos, perguntou-lhe: Vês alguma coisa?
Este, recobrando a vista, respondeu: Vejo os homens, porque como árvores os vejo, andando.
Então, novamente lhe pôs as mãos nos olhos, e ele, passando a ver claramente, ficou restabelecido; e tudo distinguia de modo perfeito. E mandou-o Jesus embora para casa, recomendando-lhe: Não entres na aldeia (8:22-26).

Observe que essa história se passa na aldeia de Betsaida. Mateus descreve Betsaida como uma dessas cidades sobre a qual Jesus tinha pronunciado julgamento, dizendo:

Ai de ti, Corazim! Ai de ti, Betsaida! Porque, se em Tiro e em Sidom se tivessem operado os milagres que em

vós se fizeram, há muito que elas se teriam arrependido com pano de saco e cinza (Mt 11:21).

Aqui está uma aldeia que tinha rejeitado o ministério do Senhor e Sua pessoa, e Ele não permitia que nenhum outro testemunho fosse dado àquele lugar. Ele conduziu o cego para fora da aldeia antes de curá-lo. (Esse é o único caso em que a cura não aconteceu instantânea e completamente na primeira vez em que Jesus falou). Quando completou a cura, Ele nem sequer permitiu que o homem curado voltasse para a aldeia, pois Betsaida estava sob o julgamento divino por ter rejeitado o ministério do Servo de Deus.

Em Mc 8:27-30, encontramos a história da grande confissão de fé de Pedro de que Jesus é o Cristo, o Messias cuja vinda foi profetizada no Antigo Testamento. Este acontecimento fecha a primeira seção do evangelho de Marcos. Na segunda parte do livro, começando em 8:31, Jesus instrui cada vez mais a Seus discípulos sobre Sua iminente morte na cruz — o ministério resgatador do Servo.

O Servo resgatador

Chegamos ao segundo grande tema do evangelho de Marcos: Jesus veio para dar Sua vida como resgate de muitos. Aqui, Jesus intensifica Sua instrução aos discípulos a respeito de Sua iminente morte na cruz — o ministério resgatador do Servo. Ele apresenta este tema sombrio enquanto instrui os discípulos sobre Sua morte.

Então, começou ele a ensinar-lhes que era necessário que o Filho do Homem sofresse muitas coisas, fosse rejeitado pelos anciãos, pelos principais sacerdotes e pelos escribas, fosse morto e que, depois de três dias, ressuscitasse. E isto ele expunha claramente. Mas Pedro, chamando-o à parte, começou a reprová-lo.

Jesus, porém, voltou-se e, fitando os seus discípulos, repreendeu a Pedro e disse: Arreda, Satanás! Porque não cogitas das coisas de Deus, e sim das dos homens (8:31-33).

Deste ponto em diante, o rosto de nosso Senhor está voltado em direção a Jerusalém e à cruz. O Servo vai entregar a si mesmo como sacrifício em resgate daqueles a quem Ele veio salvar e servir. A revelação de Seu plano é fornecida nessa passagem. Ele veio para sofrer, ser rejeitado, ser morto, e depois de três dias, ressuscitar.

E quem se levantou para frustrar esse plano? Não foi Judas Iscariotes. Nem Pôncio Pilatos. Não foi algum espírito demoníaco. Não, foi o amigo mais próximo e confiável do Senhor — aquele que acabara de confessar que Jesus é o Cristo, o Messias. Sua resposta a Jesus foi: "Não se sacrifique, Senhor — poupe-se disso". Esse é sempre o caminho da humanidade corrompida. A filosofia do mundo é: "Sirva a você mesmo". Contudo, Jesus não veio para ser servido, mas para servir.

Assim, Jesus repreendeu Seu amigo. "Pedro", disse o Mestre: "Eu reconheço de onde vem seu pensamento. Essa é a 'sabedoria' de Satanás, e não de Deus. Mantenha esse tipo de conversa fora do meu caminho".

Então Jesus chamou a multidão para si, e também Seus discípulos, e lhes disse: "Se alguém quer vir após mim, a si mesmo se negue, tome a sua cruz e siga-me" (8:34). Poupar-se e servir a si mesmo é o modo como o diabo atua. Doar-se é a maneira de Deus. Esse é o plano que Jesus realiza até o fim do evangelho de Marcos — o plano de se entregar como o resgate sacrificial por você e por mim.

O relato de Sua transfiguração está no capítulo 9. Nele, Jesus revela Sua intenção e propósito:

Dizia-lhes ainda: Em verdade vos afirmo que, dos que aqui se encontram, alguns há que, de maneira nenhuma, passarão pela morte até que vejam ter chegado com poder o reino de Deus.

Seis dias depois, tomou Jesus consigo a Pedro, Tiago e João e levou-os sós, à parte, a um alto monte. Foi transfigurado diante deles; as suas vestes tornaram-se resplandecentes e sobremodo brancas, como nenhum lavandeiro na terra as poderia alvejar. Apareceu-lhes Elias com Moisés, e estavam falando com Jesus.

Então, Pedro, tomando a palavra, disse: Mestre, bom é estarmos aqui e que façamos três tendas: uma será tua, outra, para Moisés, e outra, para Elias. Pois não sabia o que dizer, por estarem eles aterrados. A seguir, veio uma nuvem que os envolveu; e dela uma voz dizia: Este é o meu Filho amado; a ele ouvi.

E, de relance, olhando ao redor, a ninguém mais viram com eles, senão Jesus (9:1-8).

Jesus levou Pedro, Tiago e João para o topo do monte, e lá — como Jesus prometera — eles viram "o reino de Deus vir com poder". Aqueles discípulos não tiveram que passar pela morte para ver a glória do Rei — eles a viram com seus próprios olhos terrenos e mortais. Pedro se refere a este evento em sua segunda carta:

Porque não vos demos a conhecer o poder e a vinda de nosso Senhor Jesus Cristo seguindo fábulas engenhosamente inventadas, mas nós mesmos fomos testemunhas oculares da sua majestade, pois ele recebeu, da parte de Deus Pai, honra e glória, quando pela Glória Excelsa lhe foi enviada a seguinte voz: Este é o meu Filho amado, em quem me comprazo. Ora, esta voz, vinda do céu, nós a ouvimos quando estávamos com ele no monte santo (2Pe 1:16-18).

Por que Jesus abriu este evento com a afirmação de que *alguns há que, de maneira nenhuma, passarão pela morte até que vejam ter chegado com poder o reino de Deus?* Porque Sua intenção para a raça humana, o propósito de Sua obra redentora, é que os seres humanos não deveriam ter que provar a morte. Ele veio para nos livrar da dor da morte, do terrível sabor da morte. Os cristãos morrem, mas eles nunca provam a morte. Para aqueles que colocam sua confiança em Jesus, a morte é apenas uma porta de entrada para outra vida.

Por que o apóstolo Paulo diz com tal confiança: "Onde está, ó morte, a tua vitória? Onde está, ó morte, o teu aguilhão" (1Co 15:55)? Porque, como Hb 2:9 nos diz, Jesus provou a morte por todos, por você e por mim, de modo que não tenhamos que prová-la. Mas os discípulos não entenderam o propósito do Senhor ou Suas palavras sobre vida e morte:

Ao descerem do monte, ordenou-lhes Jesus que não divulgassem as coisas que tinham visto, até o dia em que o Filho do Homem ressuscitasse dentre os mortos. Eles guardaram a recomendação, perguntando uns aos outros que seria o ressuscitar dentre os mortos (9:9,10).

O que significa "ressuscitar dentre os mortos"? Significa justamente isso! Jesus não podia ter falado mais claramente. Ele ia sofrer, morrer, ressuscitar e viver novamente. Os discípulos estavam à procura de figuras de linguagem quando Jesus estava lhes dando a verdade literal e prática.

No capítulo 10, Jesus fala da família, das crianças e das bênçãos materiais e financeiras de Deus. Ele entra no ferro-velho da vida humana e leva estes presentes divinos, que as pessoas distorceram e usaram egoisticamente, e lindamente os restaura para o propósito inicial de Deus.

A última semana

No capítulo 11, encontramos o início da última semana do Senhor enquanto Ele vai decididamente em direção ao Seu encontro com a cruz. Nesse capítulo, vemos outro ato significativo que apenas Marcos registra:

E foram para Jerusalém. Entrando ele no Templo, passou a expulsar os que ali vendiam e compravam; derribou as mesas dos cambistas e as cadeiras dos que vendiam pombas. Não permitia que alguém conduzisse qualquer utensílio pelo Templo; também os ensinava e dizia: Não está escrito:

A minha casa será chamada casa de oração para todas as nações? Vós, porém, a tendes transformado em covil de salteadores (11:15-17).

Esta não é a mesma purificação do Templo registrada por João em seu evangelho (Jo 2:13-16). No evangelho de João, este incidente ocorreu no início do ministério do Senhor. Mas, numa segunda vez — desta vez no final de Seu ministério — Ele derruba as mesas dos cambistas e purifica o Templo.

Do Templo, Jesus vai ao monte das Oliveiras, até o Cenáculo, em seguida, ao jardim do Getsêmani, e para a cruz.

Os últimos capítulos do livro de Marcos tratam das perguntas que as pessoas fizeram a Jesus. No capítulo 11, Ele responde aos sacerdotes e aos anciãos que tentaram pegá-lo em uma armadilha. No capítulo 12, responde aos fariseus e herodianos que também tentaram pegá-lo em armadilha, bem como aos saduceus (os materialistas que não acreditavam em vida após a morte).

Por fim, um escriba com um coração honesto faz-lhe a única pergunta honesta do capítulo 12: "Qual é o principal de todos os mandamentos?" (12:28). Eis a resposta de Jesus:

Respondeu Jesus: O principal é: Ouve, ó Israel, o Senhor, nosso Deus, é o único Senhor! Amarás, pois, o Senhor, teu Deus, de todo o teu coração, de toda a tua alma, de todo o teu entendimento e de toda a tua força. O segundo é: Amarás o teu próximo como a ti mesmo. Não há outro mandamento maior do que estes.

Disse-lhe o escriba: Muito bem, Mestre, e com verdade disseste que ele é o único, e não há outro senão ele, e que amar a Deus de todo o coração e de todo o entendimento e de toda a força, e amar ao próximo como a si mesmo excede a todos os holocaustos e sacrifícios.

Vendo Jesus que ele havia respondido sabiamente, declarou-lhe: Não estás longe do reino de Deus. E já ninguém mais ousava interrogá-lo (12:29-34).

As respostas do Senhor puseram fim a todos os questionamentos. Esse é o poder da verdade — ela eleva o coração honesto, envergonha o coração culpado e silencia a língua mentirosa.

No capítulo 13, os discípulos vêm a Jesus perguntando sobre os eventos futuros. Neste capítulo, Cristo revela a era vindoura — o tempo da tribulação e o tempo de Seu retorno em glória.

O capítulo 14 descreve duas atitudes de grande contraste. Primeiro, uma mulher chamada Maria oferece como sacrifício um perfume caro, que ela derrama sobre os pés de Jesus. Em seguida, Judas Iscariotes trai o Senhor por dinheiro. O primeiro é um ato de desprendimento absoluto, e o outro, de extremo egoísmo.

Começando com o capítulo 15, encontramos o relato da cruz. No registro de Marcos este é um ato de incrível brutalidade realizado em nome da justiça. O Senhor exteriormente parece um homem derrotado, um fracasso trágico. Sua causa está perdida. Ele é ridicularizado, espancado e cuspido. Como Ele disse em Mc 8:31: "...era necessário que o Filho do Homem sofresse muitas coisas...".

A morte e a ressurreição do Servo

Por fim, o Servo vai voluntariamente à cruz. Parece tão diferente da imagem do milagreiro da Galileia do início desse evangelho — a pessoa cheia de poder e energia, o Servo com autoridade vinda do alto. Não é de se admirar que os sumos sacerdotes, enquanto observavam-no morrer, dissessem: "...Salvou os outros, a si mesmo não pode salvar-se" (Mc 15:31). Essa é uma declaração estranha — ela revela como Deus é capaz de fazer que até os Seus inimigos o louvem. O paradoxo dessa afirmação é que os sumos sacerdotes usaram essas palavras como zombaria de Seu aparente desamparo — entretanto, Jesus estava, de fato, salvando os outros ao recusar-se a salvar-se a si mesmo!

À medida que leio esse relato, fico impressionado com as três ações que os inimigos de Jesus não puderam forçá-lo a realizar. Primeiro, não puderam fazê-lo falar:

Tornou Pilatos a interrogá-lo: Nada respondes? Vê quantas acusações te fazem! Jesus, porém, não respondeu palavra, a ponto de Pilatos muito se admirar (15:4,5).

Por que Ele não falou? Porque Ele teria salvado a si próprio se tivesse falado diante de

"A crucificação" por Andrea Mantegna (entre 1457 e 1459).

Pilatos. Os sumos sacerdotes estavam certos. Ele salvou os outros, mas não podia — não iria — salvar-se.

Segundo, eles não puderam fazê-lo beber:

Deram-lhe a beber vinho com mirra; ele, porém, não tomou (15:23).

Por que não? Porque Ele poderia ter salvado a si mesmo se tivesse bebido. O vinho e a mirra formavam uma mistura narcótica para entorpecer os sentidos. Se Ele tivesse bebido, teria salvado a si próprio do efeito completo da agonia da cruz. Teria entorpecido o horror de se tornar pecado por nós. Ele não iria salvar a si mesmo de qualquer um dos sofrimentos da cruz.

Por fim, eles não puderam ao menos fazê-lo morrer. Na Nova Versão Internacional, lemos: *Mas Jesus, com um alto brado, expirou* (Mc 15:37), que não é literalmente o que o texto original grego transmite. No grego, este versículo diz: "Com um grito, Jesus retirou de si mesmo o espírito". Ele entregou Seu espírito. Não morreu nas mãos dos assassinos. Deixou Seu espírito partir por Sua própria vontade. Em outro lugar, Jesus disse:

Eu dou a minha vida para a reassumir. Ninguém a tira de mim; pelo contrário, eu espontaneamente a dou. Tenho autoridade para a entregar e também para reavê-la. Este mandato recebi de meu Pai (Jo 10:17,18).

Jesus poderia ter se recusado a morrer; e os soldados, governantes e líderes religiosos não teriam sido capazes de tirar Sua vida. Ele poderia ter se pendurado na cruz e insultado a incapacidade deles de matá-lo, mas não o fez. Ele morreu, *retirou de si mesmo o espírito*, voluntária e deliberadamente.

Quando chegamos ao capítulo final de Marcos, na ressurreição, aprendemos por que o nosso Senhor não permitiu essas três ações.

Ele ficou em silêncio e se recusou a apelar para Pilatos ou para a multidão, porque estava lançando a base para um dia que virá em que, no poder da ressurreição, apelaria a uma multidão muito maior, quando todo joelho se dobrará e toda língua confessará que Jesus Cristo é Senhor, para glória de Deus Pai.

Não beberia a fim de entorpecer seus sentidos porque estava lançando uma base sobre a qual mesmo aqueles que estavam próximos à cruz poderiam entrar em uma vida tão maravilhosa, tão abundante, que os momentos mais emocionantes, vibrantes e intensos da vida na Terra se tornariam insignificantes quando comparados a ela.

Finalmente, Jesus não permitiria que seres humanos tirassem Sua vida porque Ele precisava entregá-la voluntariamente para que pudesse superar o maior inimigo do homem — a morte. E assim, livrar para sempre a todos os que crerem nele do poder e do aguilhão da morte. Esse é o evangelho. Salvou os outros, mas a si mesmo Ele não podia — não iria — se salvar. Esse é o coração do Servo (Fp 2:5-7).

PERGUNTAS PARA DISCUSSÃO

MARCOS
Ele veio para servir

1. O autor nos diz que o evangelho de Marcos está resumido em uma frase de Mc 10:45: "Pois o próprio Filho do Homem não veio para ser servido, mas para servir." Isso é o exato oposto do tema do evangelho de Mateus: "Eis o vosso rei!" Um servo é o oposto de um rei. Jesus é Servo — ou Rei? Ele não poderia ser ambos, poderia? Explique sua resposta.

2. Leia Mc 2:23-28. Por que Jesus diz que o sábado foi feito para o homem, não o homem para o sábado? Ele está abolindo o quarto mandamento? Será que este mesmo princípio se aplica a quaisquer outros mandamentos? Ele está dizendo que a lei do sábado deveria ser uma bênção em vez de uma maldição? (Dica: Nos dias de Jesus, os líderes religiosos tinham desenvolvido mais de 1.500 normas que regiam como o sábado deveria ser observado.)

3. Na primeira parte de seu evangelho, a partir de 1:1 a 8:30, Marcos salienta os sinais da autoridade do Servo. Como o Servo de Deus, Jesus falava com a mesma autoridade com que, uma vez disse: Haja luz. Ele demonstrou autoridade sobre o mundo dos demônios ao expulsar espíritos imundos. Demonstrou autoridade sobre doenças através de uma série de curas. Sempre dizia às pessoas para não contarem a ninguém o que Ele tinha feito (veja 5:43; 7:36 e 8:26). Por que Ele não queria que ninguém soubesse sobre estas curas? Como as pessoas geralmente respondiam à Sua ordem?

4. Leia Mc 8:22-26. Jesus muitas vezes curava pessoas apenas com uma palavra, mas neste caso Ele usou a saliva e o toque — e o homem não conseguiu enxergar perfeitamente após o primeiro toque. Depois de um segundo, o homem viu claramente. Por que você acha que esta cura ocorreu em fases? A saliva tinha "poderes de cura", era um símbolo ou poderia até ter sido um placebo? Jesus teve um propósito na realização de um milagre passo a passo, em vez de uma cura instantânea?

5. Leia Mc 8:27-30. Por que Jesus pergunta primeiro: "Quem dizem os homens que eu sou?".

Depois pergunta: "Mas vós, quem dizeis que eu sou?" Pedro responde: "Tu és o Cristo, o Messias." Pedro está respondendo apenas por si mesmo ou como porta-voz de todos os discípulos? Por que havia uma diferença tal entre o que as pessoas diziam sobre Jesus e o que os discípulos afirmaram?

Quem você diz que Jesus é? Um bom mestre e modelo? Um líder e fundador de uma das grandes religiões do mundo? Uma figura de mito e lenda? O Messias, o Filho de Deus, o Filho do homem, seu Senhor e Salvador?

6. Leia Mc 8:31-33. Por que Jesus repreendeu Pedro de forma tão dura: "Arreda, Satanás!"? De alguma forma, será que Satanás havia possuído Pedro? Jesus estava usando Satanás como uma figura de linguagem? Como Jesus pôde dizer tal coisa a Seu amigo?

7. Leia Mc 9:1-13. Qual é o significado da transfiguração de Jesus — a mudança em Sua aparência, o brilho ofuscante de Suas roupas? Por que Moisés e Elias foram escolhidos para estarem juntos e falarem com Jesus no monte da transfiguração? (Dica: Lc 16:16 e Rm 3:21.) Sobre o que você supõe que eles conversaram? O que a presença de Moisés e de Elias indica a respeito da identidade de Jesus?

A voz de Deus diz: "Este é o meu Filho amado; a ele ouvi". O que Jesus teria a dizer para que Pedro, Tiago e João ouvissem (2Pe 1:16-18)? Aqui Pedro afirma o relato da transfiguração. Como esta afirmação impacta sua fé?

APLICAÇÃO PESSOAL

8. Jesus disse que o mandamento mais importante é: "Ouve, ó Israel, o Senhor, nosso Deus, é o único Senhor! Amarás, pois, o Senhor, teu Deus, de todo o teu coração, de toda a tua alma, de todo o teu entendimento e de toda a tua força. O segundo [mandamento mais importante] é este: Amarás o teu próximo como a ti mesmo. Não há outro mandamento maior do que estes".

Como você se avaliaria (de 1 a 10) na observância do mandamento mais importante? Como você se avaliaria com relação ao segundo mandamento mais importante? Explique como chegou a essa avaliação. Quais passos você pode tomar esta semana para melhorar esses resultados?

9. Leia Fp 2:5-7. Ray Stedman conclui: "Salvou os outros, mas a si mesmo não podia – não iria – salvar-se. Esse é o coração do Servo". Como essa declaração impacta a maneira como você vê Jesus, o Servo? Como isso afeta seus sentimentos em relação a Ele? Que passos você pode dar esta semana para mostrar seu amor por Jesus e para demonstrar que deseja ser um servo como Ele?

Observação: Para aprofundar-se mais, versículo por versículo do evangelho de Marcos, leia *The Servant Who Rules: Exploring the Gospel of Mark, vol. I* [O Servo que domina: Explorando o evangelho de Marcos, vol. 1] e *The Ruler Who Serves: Exploring the Gospel of Mark, vol. II* [O governante que serve: Explorando o evangelho de Marcos, vol. 2] escritos por Ray C. Stedman (Discovery House Publishers, 2002).

Mar da Galileia

LUCAS
O homem perfeito

CAPÍTULO 5

Nascimento de Jesus	Batismo e tentação (3:21)	Chamado de Mateus (5:27)	Doze discípulos enviados (9:1)	5 mil pessoas alimentadas (9:12)	O homem rico e Lázaro (16:19)	Semana da Paixão (19–23)	Ressurreição de Jesus (24)
5 a.C.	Primeiro ano do ministérios de Jesus (27 d.C.)	Segundo ano do ministérios de Jesus (28 d.C.)		Terceiro ano do ministérios de Jesus (29 d.C.)		(30 d.C.)	Ascensão

Canuto, o rei dinamarquês da Inglaterra no século 11, estava cercado por uma corte de bajuladores e aduladores. "Ó, rei", eles diziam, "tu és o maior governante que já viveu! Tu és invencível! Não há nada que tu não saibas!"

Cansado de todo esse louvor vazio, Canuto ordenou a sua guarda do palácio para levar seu trono à praia. Lá, ele sentou-se em seu trono à beira da água enquanto bajuladores perplexos se perguntavam o que o rei tinha em mente.

Olhando para o mar, o rei Canuto estendeu os braços e ordenou: "Ondas, se aquietem! Maré, pare!". Mas as ondas continuaram a rolar para a praia e a maré continuava a subir. O mar chegou aos tornozelos do Rei Canuto, em seguida, às suas coxas, então ao seu peito. No entanto, ele continuava a ordenar: "Ondas, se aquitem! Maré, pare!". Por fim, uma onda rebentou nele, derrubou o trono e deixou o rei coberto de areia, ofegante e irritado.

Os bajuladores olharam para ele, pensando que tivesse perdido completamente a cabeça. O rei levantou-se, totalmente molhado, e ordenou aos guardas para levar seu trono de volta ao castelo. Quando a comitiva chegou à sala do trono, o rei Canuto apontou para um crucifixo na parede – de Jesus na cruz. "Vocês veem este Homem? Ele dava ordens às ondas do mar. Ele é o homem perfeito. Quanto a mim — sou apenas um homem".

O evangelho de Lucas é a história do Homem que era a perfeição encarnada, o único ser humano perfeito que já viveu.

A estrutura de Lucas

O terceiro evangelho apresenta Jesus como o Filho do homem. Este era o título favorito do nosso Senhor para si mesmo — um título que utilizava mais frequentemente do que qualquer outro. À medida que ler o evangelho de Lucas, você perceberá a mesma pessoa

> **OBJETIVOS DO CAPÍTULO**
>
> Neste capítulo, olhamos para o livro de Lucas como o evangelho do Filho do Homem, o Homem perfeito. Aqui olhamos para os temas que separam Lucas dos outros evangelhos e que apresentam Jesus na riqueza da Sua perfeita humanidade. Desta forma, colocamos a atenção em Jesus, que não é apenas nosso Senhor e Salvador, mas um grande exemplo do que realmente significa ser humano.

O LIVRO DE LUCAS

A vinda do Filho do Homem (Lc 1:1–4:13)

Introdução: O propósito do evangelho de Lucas 1:1-4

Acontecimentos que levaram ao nascimento de Cristo 1:5-56

O nascimento de João Batista 1:57-80

O nascimento de Jesus Cristo... 2:1-38

A infância de Jesus Cristo... 2:39-52

O ministério de João Batista 3:1-20

O batismo de Jesus por João Batista 3:21,22

A genealogia do Filho do Homem.. 3:23-38

A tentação do Filho do Homem.. 4:1-13

Seu ministério — o Filho do Homem busca (Lc 4:14–19:27)

O início do Seu ministério, Sua aceitação na Galileia,
Sua rejeição em sua cidade natal... 4:14-30

Milagres demonstrando Seu poder sobre os demônios,
doenças e paralisia; o chamado dos primeiros discípulos......................4:31–5:28

Jesus e os fariseus 5:29–6:11

Jesus instrui os discípulos, as bem-aventuranças,
o modo de vida cristão, parábolas.. 6:12-49

Milagres, a cura do filho do centurião,
a ressurreição do filho da viúva... 7:1-16

Jesus exalta João Batista.. 7:17-35

Jesus janta na casa de um fariseu; uma mulher unge
Seus pés com um perfume muito caro... 7:36-50

Parábolas e milagres; a tempestade se acalma;
demônios entram nos porcos; uma mulher com um
fluxo de sangue é curada; a filha de Jairo ressuscita...8

Os Doze são enviados a pregar 9:1-11

Jesus alimenta os cinco mil... 9:12-17

A confissão de fé do apóstolo Pedro	9:18-26
A transfiguração	9:27-36
O endemoninhado é curado	9:37-42
Jesus prediz que Sua morte se aproxima	9:43-50
A oposição dos samaritanos	9:51-56
Os setenta e dois são enviados em uma missão	9:57–10:24
A fonte da vida eterna	10:25-28
A parábola do bom samaritano	10:29-37
Maria e Marta	10:38-42
Jesus ensina sobre a oração (a oração do Senhor)	11:1-13
Jesus é rejeitado pelos líderes religiosos	11:14-54
Jesus ensina sobre as consequências de rejeitá-lo	12:1–13:9
Jesus cura uma mulher e é criticado por isso	13:10-17
Jesus ensina sobre o reino	13:18-30
Jesus chora por Jerusalém	13:31-35
Jesus e os fariseus	14:1-24
Ensinamentos sobre discipulado	14:25-35
Ensinamentos sobre o arrependimento, a ovelha perdida, a moeda perdida, o filho perdido — ou pródigo	15
Ensinamentos sobre mordomia	16
Ensinamentos sobre ofensas	17:1-10
Dez leprosos curados	17:11-19
Ensinamentos sobre a segunda vinda	17:20-37
Ensinamentos sobre oração	18:1-14
Jesus abençoa as crianças	18:15-17
Ensinamentos sobre uma vida sacrificial — o jovem e rico governante	18:18-30
Jesus prediz Sua morte e ressurreição	18:31-34
Jesus cura o cego Bartimeu	18:35-43
Jesus e Zaqueu	19:1-10
Parábola dos servos que receberam dinheiro	19:11-27

Sua morte e ressurreição — o Filho do Homem salva (Lc 19:28–24:53)

A última semana de Jesus Cristo 19:28–23:56

    A. Domingo: Sua entrada triunfal em Jerusalém 19:28-44

    B. Segunda-feira: A purificação do Templo 19:45-48

    C. Terça-feira: Ministério em Jerusalém 20:1-4

    D. O sermão do Monte 21:5–21:38

    E. Judas trai Jesus 22:1-6

    F. Quinta-feira: Páscoa e a prisão de Jesus 22:7-53

    G. Sexta-feira: Jesus é julgado e crucificado 22:54–23:55

    H. Sábado: Jesus está no túmulo 23:56

A ressurreição 24:1-12

Jesus aparece a dois discípulos no caminho
de Emaús e aos demais discípulos 24:13-43

A Grande Comissão 24:44-48

A ascensão de Jesus 24:49-53

que encontra no evangelhos de Mateus, Marcos e João. Mas observe as diferenças de ênfases entre os quatro evangelhos. Em Mateus, a ênfase está na realeza de Jesus; em Marcos, em Seu serviço; em João, em Sua divindade. Mas aqui em Lucas, a ênfase está em Sua humanidade.

A humanidade de Cristo é continuamente enfatizada neste evangelho. A chave para esse livro é encontrada em Lc 19:10. Na verdade, esse versículo estabelece um esboço prático de todo o livro: "Porque o Filho do Homem veio buscar e salvar o perdido." Nesta única sentença, temos a estrutura e três divisões deste evangelho.

Primeira seção: "O Filho do Homem veio". No início deste evangelho, a partir de 1:1 a 4:13, Lucas nos conta como Jesus começou a fazer parte na raça humana, incluindo Sua genealogia.

Segunda seção: "buscar". Grande parte do ministério terreno do Senhor consistia em buscar pessoas e mexer com o coração da humanidade, embrenhando-se profundamente em suas emoções, pensamentos e sentimentos humanos. Na seção intermediária de Lucas, a partir de 4:14 até 19:27, vemos Jesus nos procurando, tocando os centros latejantes do pecado e do sofrimento humano, e a nossa humanidade com Seu poder de cura.

A busca do Senhor pela humanidade atinge o seu ápice com Sua viagem a Jerusalém, o lugar onde Ele será sacrificado, como lemos em Lc 9:51: "E aconteceu que, ao se completarem os dias em que devia ele ser assunto ao céu, manifestou, no semblante, a intrépida resolução de ir para Jerusalém." O registro de Sua viagem a Jerusalém ocupa os capítulos 9 a 19 e narra uma série de acontecimentos importantes ao longo do caminho.

Terceira seção: "e salvar o perdido". Aqui o Senhor vai para o ato final do drama de Sua vida; para salvar a humanidade por meio da cruz e da ressurreição. Em Lc 19:28, lemos: "E, dito isto, prosseguia Jesus subindo para Jerusalém."

Este versículo marca o fim de Seu ministério de busca e o início de Seu ministério salvífico. Ele introduz a última seção do livro, na qual Jesus entra na cidade, vai ao Templo, sobe ao monte das Oliveiras, é levado à sala de julgamento de Pilatos, e depois à cruz, ao túmulo e ao dia da ressurreição.

O segredo perdido da humanidade

Observe as palavras exatas que Jesus usa na passagem principal de Lc 19:10: salvar o perdido. Ele não está falando apenas sobre vir para salvar pessoas perdidas. Ele veio para salvar o que estava perdido.

Portanto, temos que nos perguntar: O que estava perdido? Não apenas as próprias pessoas, mas a *essência* do propósito para o qual os seres humanos foram criados. Jesus veio para salvar e restaurar a humanidade que nos foi dada por Deus, que foi feita à imagem de Deus.

Esse é o segredo de nossa humanidade. Esquecemos o propósito para o qual fomos criados. Todo o dilema da vida é que ainda temos, dentro de nós, uma espécie de memória do que deveríamos ser, do que queremos ser, para o que fomos feitos — mas não sabemos como efetivá-la. O segredo de nossa humanidade se perdeu há muito tempo.

Um grupo de cientistas encontrou-se certa vez na Universidade de Princeton para discutir as mais recentes descobertas na astronomia. Um famoso astrônomo levantou-se e disse: "Quando consideramos as enormes distâncias entre as estrelas em uma única galáxia, em seguida, consideramos as distâncias ainda maiores entre as próprias galáxias, então consideramos o fato de que as próprias galáxias estão dispostas em grupos, e os aglomerados de galáxias estão separados por distâncias ainda maiores, nós, astrônomos, temos que concluir que o homem não é nada mais do que um ponto insignificante em um Universo infinito".

Então, uma figura conhecida se levantou, sua cabeça com uma juba branca despenteada, seu suéter poído jogado sobre sua estrutura magra. "Insignificante, você disse?", disse o professor Einstein. "Sim, muitas vezes senti que o homem é um ponto insignificante no Universo — mas então lembrei-me de que o mesmo ponto insignificante que é o homem… é também o astrônomo".

Essa é a essência da humanidade; essa é a grandeza que Deus criou dentro de nós quando Ele nos fez à Sua imagem. Sim o Universo é vasto e somos pequenos — mas não somos insignificantes. Deus nos criou para buscar respostas e compreender o enorme cosmos que nos rodeia. Há algo inexplicavelmente grandioso sobre os seres humanos, algumas *especialidades* escondidas que Deus colocou dentro de nós — algo que ainda brilha em nosso interior, mesmo que seja manchado e distorcido pelo pecado. O Senhor Jesus veio para restaurar e salvar o mistério perdido da imagem de Deus, que foi estampada em nós na criação.

O autor

O autor deste evangelho é Lucas, o médico, companheiro e amigo leal de Paulo. Lucas, que era grego, está escrevendo para Teófilo, que também era grego. Sabemos pouco sobre Teófilo, mas evidentemente era um amigo de Lucas (veja Lc 1:1-4), que tinha conhecido a fé cristã. Lucas agora tenta explicar a fé cristã mais detalhadamente para ele. Não é de admirar que Lucas escrevesse o evangelho que concentra-se na humanidade de nosso Senhor. O ideal da filosofia grega era a perfeição da humanidade — um ideal que Jesus alcançou.

Uma leitura cuidadosa do evangelho de Lucas revela algumas semelhanças impressionantes com a carta de Hebreus. Alguns estudiosos da Bíblia acreditam que Hebreus foi escrito por Paulo, ou Apolo, ou Barnabé, ou Silas. Acredito (embora não possa ser provado) que Lucas escreveu a epístola aos Hebreus. Acredito que seja de Paulo a autoria dos pensamentos de Hebreus e que seu companheiro Lucas provavelmente a escreveu em hebraico e a enviou para os judeus em Jerusalém. Em seguida, Lucas, querendo tornar essas verdades disponíveis para o mundo gentio, provavelmente, traduziu do hebraico para o grego, razão pela qual muitos dos próprios maneirismos expressivos de Lucas são encontrados em Hebreus. Isso explicaria alguns dos paralelos notáveis entre Hebreus e o evangelho de Lucas.

A mensagem de Hebreus é a de que Jesus Cristo tornou-se homem para que pudesse entrar na condição humana e servir como nosso representante — nosso Sumo Sacerdote. Hebreus está edificado em torno do simbolismo do tabernáculo no deserto, do Antigo Testamento. O livro de Hebreus explica o significado da imagem simbólica do tabernáculo de Deus. Quando Moisés subiu ao monte, Deus lhe deu um padrão específico para seguir na construção do tabernáculo, e este padrão tem significado simbólico.

À medida que lemos Hebreus, descobrimos que o tabernáculo era uma representação da humanidade. O tabernáculo foi construído em três seções: o átrio exterior, no qual até mesmo os gentios podiam entrar; o Lugar Santo, que era restrito; e o Santo dos Santos, que era altamente restrito. Os sacrifícios eram oferecidos no átrio exterior. O sacerdote pegava o sangue e o levava para o Santo Lugar, onde era aspergido no altar.

Uma vez por ano, o sumo sacerdote, sob as mais precisas condições, tinha permissão para ir por trás do véu no Santo dos Santos. Com exceção desse evento anual, ninguém era autorizado a entrar no Santo dos Santos sob pena de morrer, pois o mistério da *Shekinah*, a extraordinária presença de Deus, vivia naquele lugar sagrado e incrível.

O que tudo isso significa? É uma imagem da humanidade em estado caído. Somos o tabernáculo onde Deus planejou fazer Sua morada, desde o início.

Temos um átrio exterior — o corpo, que é feito da terra e nos coloca em contato com a Terra e a vida material que nos cerca.

Temos um Lugar Santo — a alma, o lugar de intimidade, a sede da mente, da consciência, da memória, e de outros aspectos misteriosos do interior de nossa humanidade. É a alma — o que o Novo Testamento em grego chama de *psuche* (ou psique) — e a psicologia e a psiquiatria a estudam.

Reprodução do segundo Templo em Jerusalém.

Aventurando-se através da Bíblia

Temos um Santo dos Santos — aquilo que está por trás do véu e é impenetrável. Não podemos entrar lá. Sabemos que algo mais profundo, está escondido atrás dos aspectos anímicos de nossa vida. Alguns dos grandes pensadores de hoje estão reconhecendo a existência desta dimensão oculta de nosso ser, o centro de nossa existência humana. Este Santo dos Santos é o espírito humano.

Pelo fato de o espírito ser, em grande parte, inoperante na humanidade decaída, as pessoas tendem a agir como animais inteligentes — ou pior. Escondido sob nosso corpo e nossa alma, o espírito não pode ser observado ou estudado, mas é real e é o lugar onde Deus quer viver entre nós — a morada final da glória de Sua *Shekinah*.

No evangelho de Lucas, traçamos a vinda daquele que finalmente adentra esse lugar secreto, no misterioso espírito humano e rasga o véu, para que os seres humanos possam descobrir o mistério de seu ser mais íntimo — e encontrar completa alegria, paz e realização. Isso é o que as pessoas em todos os lugares procuram desesperadamente.

Não há nada mais vibrante do que um senso de realização, a experiência de alcançar plenas possibilidades de nossas personalidades. Todos nós o buscamos — mas temos perdido a chave. Até que essa chave seja colocada em nossas mãos novamente pelo Filho do Homem, nossas possibilidades de plenitude permanecem perdidas.

Jesus veio buscar e salvar o que estava perdido dentro de nós. Essa é a boa notícia de Lucas.

A entrada do Senhor

O corpo representa o átrio exterior, e em Lc 1:1—4:13 vemos o Senhor, o Filho do Homem, vindo para o átrio exterior da nossa humanidade ao tornar-se um ser humano com corpo humano. Lucas registra três fatos sobre a entrada de Jesus em nosso mundo, nosso átrio exterior.

Primeiro fato: Seu nascimento virginal. Algumas pessoas negam abertamente o nascimento virginal de Jesus. Alguns até declaram de púlpito que este fato da entrada do Senhor em nosso mundo é realmente sem importância e não é histórico. Mas isso é extremamente importante. Lucas (que era médico e, como tal, coloca seu selo médico de aprovação sobre este mistério biológico notável) nos diz que um ser humano nasceu de uma virgem. Maria teve um filho, e Seu nome era Jesus. A maravilha desse mistério é dada na simples e direta história que Lucas nos apresenta.

Além disso, o nascimento de Jesus está enraizado na história por meio de uma genealogia humana. É importante notar a diferença entre a genealogia de Lucas e a de Mateus. Mateus, o evangelho do Rei, traça a linhagem de Jesus até o rei Davi. Lucas, o evangelho do Filho do Homem, traça a linhagem de Jesus até Adão, o primeiro ser humano, a quem Lucas chama de "o filho de Deus", já que Adão não teve um pai terreno, mas foi diretamente criado pela mão de Deus. Então Lucas liga o primeiro Adão com o segundo Adão (Jesus Cristo) neste evangelho do Filho do Homem.

Segundo fato: A visita do Senhor Jesus ao Templo com a idade de doze anos. Lucas conta como Jesus surpreendeu os homens doutos da lei com Sua capacidade de fazer perguntas investigativas e compreender questões profundas das Escrituras. Aqui vemos a Sua incrível habilidade mental e Sua sabedoria. Assim como Seu corpo era perfeito e sem pecado através do nascimento virginal, também Sua mente e alma (ou psique) revelam-se perfeitas.

Terceiro fato: A tentação no deserto. Foi no deserto, onde o Senhor foi revelado como sendo perfeito nos recantos mais íntimos do Seu espírito. Isso é indicado com antecedência quando Ele é proclamado pela voz de Deus: "Tu és o meu Filho amado, em ti me comprazo" (3:22).

Então, o vimos passar do átrio exterior da nossa humanidade, ao Lugar Santo da alma, ao mais íntimo Santo dos Santos do espírito. Ele adentrou ao âmago de nosso ser, vida e pensamento, onde (como Hebreus coloca) Ele se tornou... "semelhante aos irmãos, para ser misericordioso e fiel sumo sacerdote nas coisas referentes a Deus e para fazer propiciação pelos pecados do povo" (Hb 2:17).

O que Ele veio fazer

Esta seção começa com o incrível relato da visita de Jesus à sinagoga de Nazaré, onde o livro de Isaías foi trazido ao Senhor, e Ele o desenrolou e encontrou o lugar em que estava escrito:

> *O Espírito do Senhor está sobre mim, pelo que me ungiu para evangelizar os pobres; enviou-me para proclamar libertação aos cativos e restauração da vista aos cegos, para pôr em liberdade os oprimidos, e apregoar o ano aceitável do Senhor* (Lc 4:18,19).

Aqui, Jesus declara o que Ele veio fazer: Participar da experiência dos pobres, oprimidos, cegos, cativos e libertá-los. Os capítulos que se seguem prosseguem com os detalhes de como Ele embrenhou-se em meio às

Representação de como possivelmente seria o Lugar Santo do segundo Templo.

experiências humanas, alcançando as pessoas onde elas viviam em condições de pobreza, escuridão, escravidão e morte.

Por fim, em Lc 19:28, vemos o Filho do Homem se preparando para entrar como o grande Sumo Sacerdote no Santo dos Santos dos seres humanos, para restaurar o que havia sido perdido há muitos séculos. Você possivelmente se lembra de seu estudo do Antigo Testamento que no Lugar Santo ficavam, entre outros móveis, o altar do incenso e o compartimento dos Santo dos Santos, que continha a arca da aliança (onde a glória da *Shekinah* de Deus habitava), com seu propiciatório de ouro batido com dois querubins de asas estendidas. Estes objetos simbolizam o que está escondido nas profundezas da humanidade.

O propiciatório fala do relacionamento do homem com Deus. Hebreus nos diz que apenas o sangue pode tornar possível e aceitável o relacionamento com Deus: *Com efeito, quase todas as coisas, segundo a lei, se purificam com sangue; e, sem derramamento de sangue, não há remissão* (Hb 9:22).

Foi o sangue sobre o propiciatório que liberou o perdão e a graça de Deus. Nosso Senhor agora se prepara para entrar no espírito escondido da humanidade e oferecer Seu próprio sangue. Como nos é dito em Hebreus: "...não por meio de sangue de bodes e de bezerros, mas pelo seu próprio sangue, entrou no Santo dos Santos, uma vez por todas, tendo obtido eterna redenção" (Hb 9:12).

O altar do incenso, que estava diante da cortina que separava o Lugar Santo do Santo dos Santos, fala da comunicação entre as pessoas e seu Deus. O incenso simboliza as orações do povo de Deus, subindo ao céu. A oração é a ação mais profunda do ser humano. Quando você se prostra de joelhos por desespero, derrota, exaustão, ou necessidade, você descobre que atingiu o fundo do poço de seu ser. A oração, em seu nível mais fundamental, é o clamor do espírito.

A cruz de Cristo entra nessa região mais profunda da nossa humanidade.

O segredo é revelado

À medida que você continua a percorrer o evangelho de Lucas, você vê o Senhor descendo do monte das Oliveiras e indo à cidade, purificando o Templo, ensinando e pregando no Templo, em seguida, retornando ao monte para proferir o Sermão da Montanha. Depois, Ele vai ao cenáculo para a Festa da Páscoa, onde institui o sacramento da Santa Ceia. Do cenáculo, Jesus vai ao Jardim do Getsêmani, e depois para o tribunal de Pilatos, e de lá para a cruz. Quando chegamos aos capítulos finais, fazemos uma importante, surpreendente e tremenda descoberta:

> *Já era quase a hora sexta, e, escurecendo-se o sol, houve trevas sobre toda a terra até à hora nona. E rasgou-se pelo meio o véu do santuário* (23:44,45).

Por que esta espessa cortina se rasgou de cima a baixo? Porque o Santo dos Santos agora seria aberto pela primeira vez aos olhos humanos! E também porque o Santo dos Santos do espírito humano seria aberto pela primeira vez para a habitação de Deus!

Quando o Filho do Homem morreu, Deus rasgou completamente o véu. Passou pelo Lugar Santo e entrou no Santo dos Santos, no segredo da humanidade — e a realidade do espírito da humanidade foi revelada.

Em seguida, temos a maravilha da manhã da ressurreição e o relato de Lucas sobre os dois discípulos que caminhavam na estrada para Emaús. Neste ínterim, um estranho apareceu e conversou com eles. Ele discorreu acerca das Escrituras para esses homens enlutados — Escrituras a respeito de Cristo e do que tinha sido predito sobre Ele. Depois que o estranho os deixou, eles de repente perceberam que aquele era, de fato, o Senhor Jesus ressurreto.

> *E disseram um ao outro: Porventura, não nos ardia o coração, quando ele, pelo caminho, nos falava, quando nos expunha as Escrituras?* (24:32).

Um coração ardente é aquele que se encontra cativo pelo entusiasmo e pela glória de uma humanidade plena. O segredo está revelado. Nossa humanidade está totalmente atraída e regenerada por nosso Criador. Ele entrou no Santo dos Santos. O que estava perdido foi salvo. O perfeito paralelo com a mensagem triunfante do evangelho de Lucas é encontrado em Hebreus:

Tendo, pois, irmãos, intrepidez para entrar no Santo dos Santos, pelo sangue de Jesus, pelo novo e vivo caminho que ele nos consagrou pelo véu, isto é, pela sua carne, e tendo grande sacerdote sobre a casa de Deus, aproximemo-nos, com sincero coração, em plena certeza de fé, tendo o coração purificado de má consciência e lavado o corpo com água pura (Hb 10:19-22).

É onde estamos agora. O segredo da humanidade está revelado a qualquer um que abrir seu coração para o Filho do Homem, o Homem perfeito. Somente Ele alcançou as profundezas do espírito humano. Somente Ele restabelece o relacionamento perdido com Deus e nos capacita a sermos o que Deus planejou que fôssemos. Somente Ele salva e restaura o que foi perdido na queda do homem, quando o pecado entrou no mundo. Somente Ele pode restaurar a imagem desfigurada e distorcida de Deus em nossa vida.

Toda a possibilidade de uma humanidade plena está disponível para qualquer pessoa na qual o Espírito de Cristo habita. Tudo o que você deseja, profundamente, ser nos recônditos mais íntimos de seu coração, você pode ser. Não estou falando sobre seus projetos de vida, como se tornar um milionário ou um medalhista de ouro olímpico. Estou falando sobre os mais profundos e inefáveis anseios de seu coração — seu desejo de estar unido a Deus, de conhecê-lo e de ser conhecido por Ele; o desejo de que sua vida valha algo para o propósito eterno das coisas; seu desejo de ser puro, íntegro e perdoado. Jesus torna isso possível para que você possa cumprir o que Deus tem de melhor para sua vida, a fim de que você seja espiritualmente maduro, cheio do amor de Cristo, de Seu perdão e de boas obras.

Por que agimos da forma como agimos? Por que queremos fazer o bem enquanto fazemos tanto mal? Por que somos capazes de realizar tão grandes feitos tecnológicos, de engenharia, medicina, atletismo, arte, literatura e música — contudo, não podemos erradicar a pobreza, a guerra, o racismo, o crime, e tantos outros males? Para onde estamos indo? Qual é o objetivo de tudo isso?

Este desconcertante mistério dos séculos foi respondido pela vinda de Jesus Cristo, o Filho do Homem, à nossa humanidade. Lucas revelou tudo isso para nós em seu evangelho — o evangelho do Filho do Homem.

PERGUNTAS PARA DISCUSSÃO

LUCAS
O homem perfeito

1. Compare as genealogias de Jesus em Mt 1:1-17 e Lc 3:23-38. Por que Mateus começa a partir de Abraão, enquanto Lucas vai mais atrás, terminando com Adão? Você acha que as diferenças nessas genealogias refletem os diferentes propósitos destes dois evangelhos? Como uma genealogia terminando com Adão serviria para salientar o propósito de Lucas de apresentar Jesus como o Filho do Homem e o homem perfeito?

2. Por que Lucas foi o único evangelista dos quatro a registrar a maioria dos eventos relacionados com o nascimento, infância e juventude de Jesus? Por que Lucas foi o único a registrar a história do jovem Jesus no Templo? O que a história de Jesus questionando os mestres da lei aos doze anos nos diz sobre Ele?

3. Leia Lc 4:1-13, a tentação de Jesus. Duas vezes neste relato, Satanás começa a tentar Jesus com as palavras: "Se és o Filho de Deus..." Você acha que Satanás sabia que Jesus era o Filho de Deus? Ou ele estava testando Jesus, a fim de descobrir isso? Explique sua resposta.

O relato da tentação termina com estas palavras: "Passadas que foram as tentações de toda sorte, apartou-se dele o diabo, até momento oportuno." O que *até momento oportuno* sugere? Você consegue pensar em outros acontecimentos em que Satanás foi além para testar Jesus?

4. Leia Lc 4:14-30. Jesus vai à sinagoga em Sua cidade natal de Nazaré e lê uma passagem de Isaías 61 e acrescenta: "Hoje, se cumpriu a Escritura que acabais de ouvir." Como as pessoas inicialmente reagem às Suas palavras? (Veja 4:22).

Em seguida, Jesus faz uma declaração adicional nos versículos 24-27. Como as pessoas reagem a essas palavras (4:28,29)? Por que a reação deles mudou tão radicalmente? O que Ele lhes disse nos versículos 24-27 para fazê-los reagir dessa maneira? Você acha que Jesus queria provocar esta reação? Por quê?

5. Algumas ações e parábolas de Jesus estão registradas somente em Lucas, e não nos outros três evangelhos. São elas:

- *A ressurreição do filho da viúva em Naim* (7:11-17)
- *Os nomes das mulheres que o seguiam* (8:1-3)
- *O envio dos setenta e dois* (10:1-12)
- *A parábola do bom samaritano* (10:25-37)
- *Maria aos pés de Jesus enquanto Marta servia* (10:38-42)
- *A parábola do rico insensato* (12:13-21)
- *A cura da mulher encurvada no sábado* (13:10-17)
- *A cura do homem com hidropisia no sábado* (14:1-6)
- *As parábolas da ovelha perdida, da moeda perdida e do filho pródigo* (Lc 15)
- *A parábola do rico e de Lázaro* (16:19-31)
- *Os dez leprosos curados* (17:11-19)
- *A parábola da viúva persistente e o juiz* (18:1-8)
- *A parábola do fariseu e do publicano* (18:9-24)
- *Zaqueu, o publicano* (19:1-10)
- *A cura da orelha do servo* (22:51)
- *Jesus diante de Herodes* (23:6-12)
- *Jesus e os dois discípulos no caminho de Emaús* (Lc 24:13-35)

Você vê algum padrão nesses registros? É significativo o fato de que Lucas, um médico, registrou o maior número de curas? Ao contrário de Mateus, Marcos e João, Lucas não foi testemunha ocular desses acontecimentos; onde você acha que ele ouviu falar sobre as várias curas, a história de Zaqueu e a aparição do Senhor após Sua ressurreição na estrada para Emaús? Sendo Lucas um médico e um homem das ciências, o que ele poderia ter feito a fim de verificar esses relatos antes de incluí-los em seu evangelho?

APLICAÇÃO PESSOAL

6. Leia Lc 15:11-32. O que a história do filho pródigo nos diz sobre Deus e Seu amor por nós? Observe em 15:1 quem era o público destas três parábolas. Como o público destas parábolas afeta sua compreensão a respeito do significado delas?

A parábola do filho pródigo o impacta pessoalmente? Ela mexe com as suas emoções? Com qual personagem da parábola você mais se identifica? Explique suas respostas.

7. O autor diz que a chave para o evangelho de Lucas é encontrada em Lc 19:10, onde Jesus diz: "Porque o Filho do Homem veio buscar e salvar o perdido." O autor acrescenta: "O que estava perdido? Não apenas as próprias pessoas, mas a *essência* do propósito para o qual os seres humanos foram criados. Jesus veio para salvar e restaurar a humanidade dada por Deus, que fora criada à imagem de Deus".

Quando você olha para trás, para sua própria vida, você pode dizer que Jesus não só o salvou de sua condição de perdido, mas que Ele também o está restaurando à imagem de Deus que foi perdida na queda? Explique sua resposta.

8. Leia Lc 24:13-35. Por que os discípulos não reconheceram Jesus, uma vez que o conheciam e o seguiram antes da crucificação? Eles estavam cegos quanto a isso ou Jesus se disfarçou enquanto falava com eles? Explique sua resposta.

Já teve uma experiência em que Deus lhe falava por meio de acontecimentos e circunstâncias de sua vida, mas você não reconheceu a "voz" do Senhor na ocasião, somente mais tarde? Explique sua resposta.

Observação: Para uma pesquisa mais aprofundada dos ensinos do Senhor sobre oração, leia *Talking With My Father: Jesus Teaches on Prayer* [Conversando com meu pai: Jesus ensina sobre oração], escrito por Ray C. Stedman (Discovery House Publishers, 1997).

JOÃO
O Deus-homem

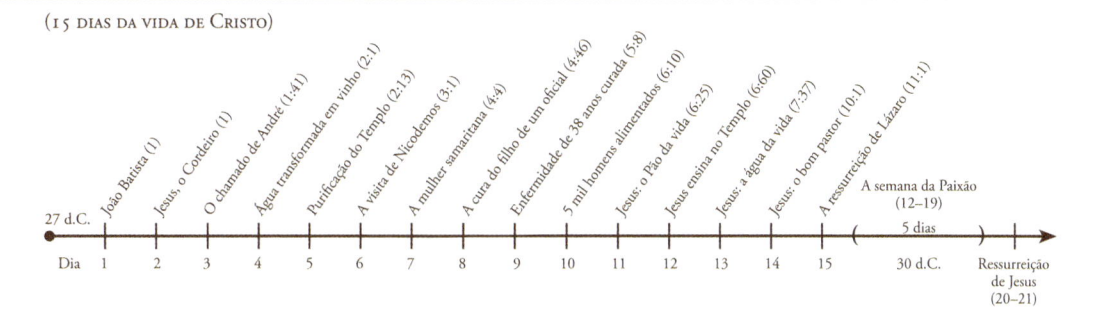

CAPÍTULO 6

(15 DIAS DA VIDA DE CRISTO)

- João Batista (1)
- Jesus, o Cordeiro (1)
- O chamado de André (1:41)
- Água transformada em vinho (2:1)
- Purificação do Templo (2:13)
- A visita de Nicodemos (3:1)
- A mulher samaritana (4:4)
- A cura do filho de um oficial (4:46)
- Enfermidade de 38 anos curada (5:8)
- 5 mil homens alimentados (6:10)
- Jesus: o Pão da vida (6:25)
- Jesus ensina no Templo (6:60)
- Jesus: a água da vida (7:37)
- Jesus: o bom pastor (10:1)
- A ressurreição de Lázaro (11:1)
- A semana da Paixão (12–19)
- Ressurreição de Jesus (20–21)

27 d.C. — Dia 1 2 3 4 5 6 7 8 9 10 11 12 13 14 15 — 5 dias — 30 d.C.

Uma senhora socialite inglesa, a viúva do falecido embaixador na França, foi à festa do centésimo aniversário do filantropo Robert Mayer no Festival Hall, em Londres. Durante a recepção, a socialite (que estava com problemas de visão) conversou com uma mulher por vários minutos antes de perceber, de repente, que estava conversando com a Rainha Elizabeth II. Percebendo sua gafe, a mulher enrubesceu, inclinou-se e gaguejou: "Senhora, ó senhora, sinto muito! Não a reconheci sem sua coroa!".

A rainha sorriu gentilmente. "Esta é a noite de Sir Robert", disse ela. "Portanto, decidi deixá-la em casa".

O evangelho de João é a história de Jesus, o Senhor da criação, aquele que estava com Deus no início, e que realmente é Deus — contudo escolheu deixar a Sua coroa em casa. E pelo fato de Jesus vir à Terra sem a Sua coroa, as pessoas deste mundo não o reconheceram.

João, o quarto evangelho, foi escrito pelo discípulo mais próximo do Senhor Jesus. Quando você lê o evangelho de Mateus, está lendo a pessoa de Jesus através dos olhos de um discípulo muito dedicado. O autor deste evangelho é o apóstolo amado que se reclinou sobre o peito de Jesus na Última Ceia (13:23-25), que estava ao pé da cruz enquanto o Senhor morria, e a quem foi confiado, pelo próprio Jesus, o cuidado de Sua mãe, Maria (19:26,27).

Os apóstolos João, Pedro e Tiago fizeram parte do círculo íntimo de discípulos que passaram com o Senhor pelas mais íntimas e dramáticas circunstâncias de Seu ministério. João ouviu e viu mais do que qualquer um dos outros — por isso é que o evangelho de João é frequentemente chamado de "o evangelho da intimidade".

> **OBJETIVOS DO CAPÍTULO**
>
> O quarto evangelho é "o evangelho da intimidade". Neste capítulo, investigamos o livro de João, que apresenta Jesus como o Deus-homem, plenamente Deus e plenamente homem. Olhamos também para os acontecimentos e temas que fazem o retrato de Jesus delineado por João tão diferente (mais pessoal e próximo) do que os outros três. Este capítulo se concentra especialmente em como aplicar a mensagem única de João em nossa vida diária — e eterna.

O LIVRO DE JOÃO

A encarnação do Filho de Deus (Jo 1:1-18)

    Sua divindade, Seu precursor (João Batista),
Sua rejeição por Seu próprio povo e Sua acolhida
por aqueles chamados "filhos de Deus" 1:1-13

    O Verbo se fez carne 1:14-18

O Filho de Deus é apresentado ao mundo (Jo 1:19–4:54)

    Jesus é apresentado por João Batista 1:19-51

    Jesus começa Seu ministério na Galileia,
transforma água em vinho em Caná 2:1-12

    Jesus na Judeia, a primeira purificação
do Templo e Sua instrução a Nicodemos 2:13–3:36

    Jesus em Samaria, a mulher no poço 4:1-42

    Jesus é recebido na Galileia, cura o filho
de um oficial do rei 4:43-54

O Filho de Deus enfrenta oposição (Jo 5:1–12:50)

    Jesus recebe oposição na festa em Jerusalém 5:1-47

    Jesus recebe oposição durante a Páscoa na Galileia 6

    Jesus recebe oposição na Festa dos Tabernáculos
e na Festa da Dedicação em Jerusalém 7-10

    Jesus recebe oposição em Betânia; ressuscita Lázaro,
e os líderes religiosos conspiram Sua morte 11

    Maria unge Jesus 12:1-11

    A entrada triunfal em Jerusalém, a oposição
dos líderes religiosos 12:12-50

A morte do Filho de Deus se aproxima (Jo 13–17)

O cenáculo: Jesus lava os pés dos discípulos e
anuncia Sua iminente morte 13–14

Jesus instrui os discípulos em seu relacionamento
com Ele, uns com os outros e com o mundo;
promete o Espírito Santo 15:1–16:15

Jesus prediz Sua morte e ressurreição....................................... 16:16-33

Jesus ora no jardim do Getsêmani por si, por Seus
discípulos e por todos os que crerem nele..17

A crucificação e a ressurreição do Filho de Deus (Jo 18–21)

Jesus é preso, julgado e condenado.....................................18:1–19:16

Jesus é crucificado e sepultado... 19:17-42

A ressurreição e as aparições de Jesus a
Maria Madalena, aos discípulos e a Tomé............................... 20:1-29

O propósito do evangelho de João e a primeira conclusão 20:30,31

Postscript, Cristo aparece aos sete discípulos e a Pedro.........................21

Quem é este homem?

O evangelho de João começa com uma declaração surpreendente, ecoando as linhas iniciais de Gênesis:

No princípio era o Verbo, e o Verbo estava com Deus, e o Verbo era Deus. Ele estava no princípio com Deus (1:1,2).

"O Verbo", obviamente, é Jesus Cristo. João começa seu evangelho com a surpreendente declaração de que Jesus — este homem que este discípulo conhecia tão bem como amigo e companheiro — era nada menos que o Deus-Criador do Universo, que estava lá no início de todas as coisas. João acompanhou a vida de Jesus mais de perto do que qualquer outra pessoa na Terra — e se convenceu da divindade do Senhor.

Às vezes parece difícil acreditar que Jesus é Deus. Nunca conheci um cristão que, em algum momento, não tenha considerado os argumentos que fazem dele nada mais do que um ser humano. Há momentos em que consideramos difícil compreender a completa intenção destas palavras: *No princípio era o Verbo.*

Mas se consideramos difícil, imagine o quanto mais Seus discípulos acharam difícil aceitar! Eles conviveram com Ele e viram Sua humanidade como nenhum de nós jamais viu ou verá. Devem ter sido confrontados repetidamente com uma pergunta que os intrigava e inquietava: "Quem é este homem? Que tipo de pessoa é esta que cura os enfermos, ressuscita os mortos, aquieta o vento, e transforma água em vinho?". Mesmo depois de presenciar Seus sinais, milagres e sabedoria, deve ter sido um grande salto entre perguntar: "Quem é este homem?", e afirmar "Senhor meu e Deus meu!".

Com frequência imagino os discípulos dormindo sob as estrelas com Jesus em uma noite de verão, no mar da Galileia. Posso imaginar Pedro ou João ou um dos outros acordando no meio da noite, apoiando-se sobre um dos cotovelos e, enquanto olha o Senhor dormindo ao lado dele, diz para si mesmo: "Isso é verdade? Este homem pode ser o Deus eterno?". Não é de se admirar que eles continuassem intrigados com o mistério das ações e palavras do Mestre.

No entanto, tão convincente foi a evidência que eles viram e ouviram que quando João escreveu suas memórias daqueles dias incríveis, ele começou corajosamente declarando a divindade de Jesus. Este é o tema deste evangelho: *Jesus é Deus.*

Na verdade, há dois finais para o evangelho de João. Capítulo 21 se lê como um *postscript*, um adendo, a respeito de eventos que ocorreram após a ressurreição. Mas acredito que João realmente finalizou seu evangelho com estas palavras:

Na verdade, fez Jesus diante dos discípulos muitos outros sinais que não estão escritos neste livro. Estes, porém, foram registrados para que creiais que Jesus é o Cristo, o Filho de Deus, e para que, crendo, tenhais vida em seu nome (20:30,31).

Aqui vemos a dupla finalidade deste livro: (1) João está nos fornecendo provas para que qualquer pessoa possa acreditar plenamente que Jesus é o Cristo (ou, na forma hebraica, o Messias, o Ungido); e (2) João está mostrando que Jesus é o Filho de Deus, para que aqueles que vierem a crer em Cristo tenham vida em Seu nome.

O autor e o tema

João não escreveu seu evangelho até o final da última década do século 1. Nessa época, ele era um homem velho recordando-se de tudo o que tinha visto, ouvido e experimentado. João empregou o princípio da seleção à medida que pensava nos 3 anos e meio que tinha passado com o Senhor. Alguns críticos alegam que não podemos nos apoiar no evangelho de João porque é o relato de um idoso tentando recordar acontecimentos de sua juventude. Lembre-se, contudo, que estes eventos estavam no coração, na língua e na memória desse apóstolo todos os dias de sua vida. Ele estava sempre falando a respeito deles.

Quando João escreveu o seu evangelho, Mateus, Marcos e Lucas já haviam escrito os deles. Assim, João une e completa o registro que eles fizeram do nascimento, vida, ministério, morte e ressurreição de Jesus. Mateus nos apresenta Jesus como o Rei; Marcos nos apresenta Jesus como o Servo; Lucas nos apresenta Jesus como o Filho do Homem; e João nos apresenta Jesus como o Filho de Deus.

Muito se tem falado do título "Filho de Deus" na contemporaneidade, como se houvesse uma distinção a ser feita entre Deus e o Filho de Deus, mas nenhum hebreu jamais entenderia dessa forma. Para os hebreus, chamar alguém de "filho" de alguma coisa era dizer que ele está identificado com aquela coisa ou pessoa. Por exemplo, o nome Barnabé literalmente significa "Filho da Consolação". Por quê? Porque ele era um encorajador e um consolador. Seu apelido significava que ele era o modelo de consolação — a expressão viva e personificada de encorajamento.

Para os hebreus, o uso do termo "o Filho de Deus" queria dizer "este homem é Deus". Ele era literalmente a personificação da divindade na Terra. Por isso é que quando Jesus usou esse termo em referência a si mesmo, Ele foi furiosamente confrontado pelos escribas e fariseus incrédulos. De fato, eles disseram: "Como você se atreve! Quem você pensa que é? Você está se igualando a Deus. Isso é blasfêmia!".

E Jesus realmente se descreveu como igual a Deus. Mas isso não era uma blasfêmia. Era uma simples declaração da verdade.

O Messias

Em todo o Antigo Testamento, as Escrituras repetem a seguinte ideia: "Alguém está vindo!". Então, quase no fim de Malaquias, o profeta anuncia o surgimento do *sol da justiça*, o Messias, trazendo salvação em suas asas (Ml 4:2). Além disso, em Malaquias Deus promete que enviaria "o profeta Elias antes que venha o grande e terrível Dia do Senhor" (Ml 4:5).

Como o povo gemia sob a opressão romana, eles pensavam na promessa de Malaquias em termos políticos. Eles esperavam que o Messias viesse e tirasse o jugo do totalitarismo romano de seus pescoços. Assim, sempre que alguém vinha a Israel, pregando uma mensagem de libertação (e houve muitos desses pretensos líderes), o povo judeu se perguntava: "É este? É este o Cristo, o Messias prometido?".

Então, quando João Batista — aquele fervoroso pregador à semelhança de Elias — apareceu em cena, pregando uma mensagem de

Réplica de um aprisco típico no antigo Israel.

arrependimento, as pessoas lhe perguntavam: "És tu o Cristo? És tu aquele que viria antes do grande e terrível Dia do Senhor?".

"Não", disse João Batista, "mas aquele que vocês procuram vem depois de mim".

Quando Jesus começou o Seu ministério público e viajou por todas as colinas da Judeia e Galileia, as pessoas se perguntavam: "É este? É este o Messias?".

O Senhor Jesus declarou que Ele veio com as credenciais autorizadas do Messias. Isso é o que Ele quis dizer quando afirmou:

Em verdade, em verdade vos digo: o que não entra pela porta no aprisco das ovelhas, mas sobe por outra parte, esse é ladrão e salteador. Aquele, porém, que entra pela porta, esse é o pastor das ovelhas (Jo 10:1,2).

O aprisco é a nação de Israel. Jesus está dizendo que há uma pessoa (Ele mesmo) que vem com autorização, e entra pela porta. Ele veio exatamente como as profecias do Antigo Testamento previram que viria. Com relação a todos os outros pretensos "messias", eles não tinham as credenciais de Jesus. Não se encaixavam ou cumpriam as profecias do Antigo Testamento. Estavam tentando entrar no aprisco escalando a cerca, não entrando pela porta. Qualquer um que venha de qualquer outra forma é ladrão e mentiroso, mas aquele que entra pela porta, a entrada lícita, será reconhecido como o Grande Pastor.

Jesus prosseguiu dizendo:

Para este o porteiro abre, as ovelhas ouvem a sua voz, ele chama pelo nome as suas próprias ovelhas e as conduz para fora (10:3).

Quem é o vigia que abre a porta? João Batista, o precursor do Messias. Como vimos no evangelho de Lucas, Jesus oferece Suas credenciais como aquele que está autorizado a ser o Messias quando Ele se levanta na sinagoga em Nazaré e lê o livro do profeta Isaías:

O Espírito do Senhor está sobre mim, pelo que me ungiu para evangelizar os pobres; enviou-me para proclamar libertação aos cativos e restauração da vista aos cegos, para pôr em liberdade os oprimidos, e apregoar o ano aceitável do Senhor (Lc 4:18,19).

O que o nome *Messias* quer dizer? "O Ungido". E o que Jesus leu no livro de Isaías? *O Espírito do Senhor [...] me ungiu.*

Quando Ele parou de ler e colocou o livro de lado, na verdade, parou no meio de uma frase. Depois da frase "para proclamar o ano aceitável do Senhor", a passagem que Ele estava lendo em Isaías 61, continua a dizer "e o dia da vingança do nosso Deus". Por que não continuou a ler o restante da frase? Porque o dia da vingança ainda não tinha chegado.

Jesus, em Sua primeira vinda, veio para cumprir a primeira metade da missão messiânica — pregar as boas-novas aos pobres, curar os de coração quebrantado, libertar os cativos. A segunda metade de Sua missão — proclamar o dia da vingança de Deus — está reservada para Sua segunda vinda.

Assim, quando Jesus parou de ler naquele ponto do livro, Ele o fechou, sentou-se e disse a todos reunidos na sinagoga: "Hoje, se cumpriu a Escritura que acabais de ouvir" (Lc 4:21). Em outras palavras: "Esta passagem das Escrituras fala sobre mim. Eu sou o Messias prometido".

> **AS SETE MARCAS DO MESSIAS NO EVANGELHO DE JOÃO**
>
> 1) Transformou água em vinho (2:1-11)
> 2) Curou o filho do oficial do rei (4:46-54)
> 3) Curou o paralítico em Betesda (5:1-9)
> 4) Alimentou mais de 5 mil pessoas (6:1-14)
> 5) Andou sobre as águas (6:15-20)
> 6) Curou um cego (9:1-12)
> 7) Ressuscitou Lázaro dentre os mortos (11:1-44)

Marcas do Messias

Para demonstrar a autoridade de Jesus como o Ungido de Deus, o Messias, João seleciona sete acontecimentos do ministério do Senhor — sete marcas do Messias. Vamos examiná-las na ordem em que elas aparecem:

Primeira marca do Messias: O primeiro milagre de nosso Senhor — transformou água em vinho (Jo 2:1-11). Este milagre foi, na verdade, uma parábola encenada. O Senhor realizou um ato profundamente simbólico em um casamento em Caná da Galileia. Ele tomou algo que pertencia ao reino do mundo inanimado — água — e a transformou em uma substância viva — vinho. Tomou algo que pertencia ao reino da mera matéria e a transformou em algo que é sempre uma expressão de alegria e vida. Por meio desse ato, declarou de forma simbólica o que viera fazer: Proclamar o ano aceitável do Senhor. Ele veio para realizar obras de transformação. Veio para declarar que o propósito de Deus é tomar os seres humanos em sua fragilidade, seu vazio e sua inércia e dar-lhes uma nova vida.

Segunda marca do Messias: Curou o filho do oficial do rei (Jo 4:46-54). A figura central nesta história não é o filho, que se encontra doente e morrendo, mas o oficial, que vem ao Senhor com o coração angustiado. Em sua agonia, o oficial clama a Jesus dizendo: "Desce e cura o meu filho". O Senhor não só cura o menino a distância com apenas uma palavra (o mesmo poder criativo que trouxe o mundo à existência), mas cura também o coração abatido do pai. Como Jesus afirmara, Ele foi ungido para curar os quebrantados de coração.

Terceira marca do Messias: Curou o paralítico que estava deitado no tanque de Betesda (Jo 5:1-9). Lembre-se de que aquele homem tinha estado lá por 38 anos. Havia sido prisioneiro desta doença paralisante, de modo que era incapaz, por si só, de entrar no tanque. Fora levado àquele lugar, na esperança de ser curado e liberto. O Senhor escolheu aquele paralítico entre todos os enfermos concentrados ali e lhe disse: "Levanta-te, toma o teu leito e anda". Aqui, Jesus demonstrou Sua capacidade de pôr em liberdade os oprimidos e aprisionados. Por 38 anos, o homem fora um cativo, mas Jesus o libertou instantaneamente.

Quarta marca do Messias: Alimentou 5 mil homens, além de mulheres e crianças (Jo 6:1-14). Este milagre aparece em todos os quatro evangelhos e está ligado ao milagre de Jesus andar sobre a água. O que esses sinais significam? Você não pode ler a história dos 5 mil homens, além de mulheres e crianças, alimentados sem ver que é uma maravilhosa demonstração do desejo do Senhor de atender a necessidade mais profunda do coração humano, a fome por Deus. Ele usa o símbolo do pão, tendo Ele mesmo dito: "Está escrito: Não só de pão viverá o homem, mas de toda palavra que procede da boca de Deus" (Mt 4:4). Em seguida, Ele demonstra a que tipo de pão Ele está se referindo ao dizer: "Eu sou o pão da vida" (Jo 6:35). Tomando o pão, partiu-o, e com ele alimentou a multidão, simbolizando quão completamente Ele pode atender a necessidade e a fome da alma humana.

Quinta marca do Messias: Andou sobre as águas (Jo 6:15-20). Depois de alimentar a multidão, Jesus envia Seus discípulos num barco para o meio de uma tempestade — então Ele vem andando por sobre as ondas, no meio da tempestade, em direção a eles. As ondas estavam altas, o barco, prestes a afundar. O coração de cada um dos discípulos estava cheio de medo. Jesus vem a eles, acalma-os e diz: "Sou eu. Não temais" (Jo 6:20)! O duplo milagre: alimentar uma multidão e caminhar sobre as águas, fornece uma representação simbólica da capacidade do Senhor Jesus em satisfazer a necessidade do coração humano e libertar as pessoas de seus medos.

Sexta marca do Messias: Curou o cego (Jo 9:1-12). A história quase não necessita de comentários. O Senhor disse que Ele veio para "restauração da vista aos cegos" (Lc 4:18). Escolheu um homem que era cego de nascença, assim como os seres humanos são espiritualmente cegos de nascença, e o curou.

Sétima marca do Messias: Ressuscitou Lázaro dentre os mortos (Jo 11:1-44). Isto simboliza a libertação daqueles que estão sob o jugo do medo da morte durante toda a vida.

Estes sete sinais provam, indubitavelmente, que Jesus é o Messias. Ele é o Ungido, prometido por Deus no Antigo Testamento.

O tema de João é duplo: Primeiro, quando vê Jesus em Seu poder libertador, você está, de fato, vendo o Libertador prometido, o Messias. Mas esse não é o maior segredo a ser revelado sobre Ele. Ao longo dos séculos de história do Antigo Testamento, um segredo surpreendente foi guardado. No decorrer dos séculos, os profetas esperaram a vinda do Messias, um grande homem de Deus — mas quem poderia saber, quem poderia imaginar que este grande homem de Deus seria, na verdade, Deus em forma humana? Pois esse é o segundo tema de João: Jesus é Deus.

Quando você está na presença da humanidade do Senhor, você pode ver Seus olhos amorosos, sentir a batida de Seu coração humano, sentir a compaixão de Sua vida derramada a serviço de outros seres humanos. No entanto, a verdade surpreendente é que quando está na presença de Jesus, você está na presença do próprio Deus. Você entende como é Deus. No primeiro capítulo de seu evangelho, João declara:

> *Ninguém jamais viu a Deus; o [Filho] Deus unigênito, que está no seio do Pai, é quem o revelou* (1:18).

[**Nota:** Alguns manuscritos gregos de Jo 1:18 usam a palavra "Deus", onde eu coloquei "Filho" entre colchetes. O texto da NVI segue os manuscritos que usam a palavra "Deus". Acredito que a tradução mais clara e precisa é a que indiquei acima.]

"Ninguém jamais viu a Deus." Essa é a declaração de um fato. As pessoas têm fome de Deus e estão sempre à procura dele, mas ninguém jamais o viu. No entanto, João continua a dizer que o Filho o fez conhecido. Jesus revelou como Deus é.

Os sete "Eu Sou"

Em seu evangelho, João escolhe sete grandes palavras de nosso Senhor que comprovam sua afirmação de que Jesus é o Filho de Deus. Ele

---

OS SETE "EU SOU" DE CRISTO

1) Eu sou o Pão da vida (6:35)
2) Eu sou a Luz do mundo (8:12)
3) Eu sou a Porta (10:7)
4) Eu sou o Bom Pastor (10:11)
5) Eu sou a Ressurreição e a Vida (11:25)
6) Eu sou o Caminho, e a Verdade, e a Vida (14:6)
7) Eu sou a Videira (15:5)

---

baseia tudo no grande nome de Deus revelado a Moisés na sarça ardente. Quando Moisés viu a sarça queimando e virou-se para o lado a fim de saber o seu segredo, Deus falou com ele e disse: "Eu Sou o Que Sou" (Êx 3:14). Essa é a expressão de Deus sobre Sua própria natureza autoexistente. Ele diz: "Eu sou exatamente o que sou — nem mais, nem menos. Eu sou o eterno eu sou".

Sete vezes em seu evangelho, João usa essa expressão. E enquanto os milagres de Jesus estabelecem o fato de que Ele é o Messias, o Prometido, o Ungido; são Suas palavras que estabelecem Sua afirmação de ser Deus:

Eu sou o Pão da vida (6:35). — Em outras palavras, "Eu sou o sustentador da vida, aquele que satisfaz a vida".

Eu sou a Luz do mundo (8:12). — Jesus é o iluminador da vida, aquele que explica todas as coisas, que lança luz sobre todos os mistérios e enigmas da vida, e os soluciona.

Eu sou a Porta (10:7). — Jesus afirma que Ele é a única entrada que conduz à vida eterna. Ele é o caminho aberto.

Eu sou o Bom pastor (10:11). — Jesus é o Guia da vida, o único que é capaz de nos orientar com segurança e nos proteger dos perigos de todos os lados. Ele é o único cuja vara da disciplina e o cajado da orientação nos confortam, nos dão paz, nos levam às águas tranquilas e restauram nossa alma.

Eu sou a Ressurreição e a Vida (11:25). — Ele é o poder milagroso da vida, o doador e o restaurador da vida. O poder da ressurreição é o único poder que salva quando toda esperança está perdida. O poder da ressurreição age durante o desespero, fracasso, e até mesmo na morte. Quando nada mais pode ser feito, Jesus aparece e diz: "Eu sou a ressurreição e a vida".

Eu sou o Caminho, e a Verdade, e a Vida (14:6). — Isto é, "Eu sou a realidade final. Eu sou a substância real por trás de todas as coisas".

Eu sou a Videira "…sem mim nada podeis fazer" (15:5). — Ele é a fonte de toda a produção de fruto e a razão de toda a comunhão.

Sete vezes o Senhor faz a declaração "Eu Sou", usando o nome de Deus do Antigo Testamento e relacionando-o com símbolos simples, embora profundos, no Novo Testamento; utilizando muitas imagens para permitir que saibamos com certeza que Ele e Deus são um.

A mensagem que requer uma resposta

Jo 1:14 anuncia: "E o Verbo se fez carne e habitou entre nós, cheio de graça e de verdade, e vimos a sua glória, glória como do unigênito do Pai". A frase "habitou entre nós" significa literalmente que Ele "tabernaculou" entre nós, ou armou Sua tenda entre nós. O Deus que é todo glória tornou-se um ser humano. Esse é o extraordinário tema do livro de João.

Não há maior tema em todo o Universo do que o fato de estarmos diante da plena humanidade e da plena divindade de Jesus. Ele é o Deus-homem e nos revela como é Deus. Ele é aquele que cura, ama, serve, espera, abençoa, morre e ressuscita. Ele é o supremo ser humano — e Ele é Deus. Essa é a verdade revelada no evangelho de João.

Perto do final de seu evangelho, João escreveu: "Estes, porém, foram registrados para que creiais que Jesus é o Cristo, o Filho de Deus, e para que, crendo, tenhais vida em seu nome" (20:31). Jesus é a chave para a vida. Todos nós queremos viver — jovens e velhos igualmente. Todos nós buscamos a chave para a vida. Buscamos realização. Estes são os nossos anseios mais profundos. E quando chegamos ao fim de nossa busca, encontramos Jesus esperando por nós de braços abertos. Ele é o objetivo de toda a nossa busca e desejo. Ele nos leva a ser tudo o que fomos criados para ser.

O evangelho de João não se limita a apresentar-nos uma história sobre Jesus. Ele não simplesmente nos informa ou mesmo nos inspira. Ele nos confronta. Faz-nos uma exigência e requer uma resposta. Ao forçar-nos a reconhecer a divindade autêntica de Cristo, João nos chama a adorar ou rejeitá-lo. Não há meio termo.

Como você pode estar na presença deste divino mistério e não sentir o seu coração sendo atraído para adorá-lo? Como nas palavras de Charles Wesley:

Será possível eu ganhar
Favor no sangue do Senhor?
Por mim sofreu? Me quer salvar

A mim, Seu crucificador.
Incomparável, tanto amor
Por mim morreu o Salvador!
(Louvor e adoração, 168)

Isso é verdadeira adoração — reconhecimento de que Jesus é Deus, e que Deus tenha se entregado à morte por nós. A verdadeira adoração nos leva à ação, ao serviço e à obediência. Como nas palavras de Isaac Watts:

Amor tão incrível, tão divino,
requer minha alma, minha vida, meu tudo.

Quando nosso coração está cheio da verdadeira adoração, quando nossas mãos estão envolvidas em verdadeiro serviço, estamos unidos Àquele que fez todo o Universo, Àquele que é o grande "Eu Sou". Essa é a mensagem do evangelho de João.

PERGUNTAS PARA DISCUSSÃO

JOÃO
O Deus-homem

1. Os evangelhos de Mateus e Lucas incluem genealogias do Senhor Jesus. O evangelho de João também inclui uma "genealogia" de Jesus, mas muitas pessoas não conseguem percebê-la por ser muito breve, e porque se refere ao tema central deste evangelho: apresentar Jesus como o Deus-homem. A "genealogia" de Jesus, em João, é encontrada nos dois primeiros versículos do capítulo 1. Em suas próprias palavras, explique o significado desta "genealogia".

2. Leia Jo 2:1-11. Como o primeiro milagre de Jesus — transformação da água em vinho nas bodas de Caná — confirma Sua identidade como o Deus-homem?

3. Leia Jo 3:1-21, a história do encontro tarde da noite do Senhor com Nicodemos, o fariseu. O versículo 16 é provavelmente o mais famoso em toda a Escritura. Quando você lê este versículo no contexto da história de Jesus e Nicodemos, seu significado o impacta de modo novo ou diferente? Escreva em suas próprias palavras a mensagem do Senhor a Nicodemos nesta passagem. Há alguma parte de Sua mensagem que o impacta com uma percepção que você nunca teve anteriormente? Explique sua resposta.

4. Leia Jo 4:46-54. Qual é a característica mais marcante e incomum deste ato de cura? Como este milagre de Jesus confirma Sua identidade como o Deus-homem?

5. Espalhados por todo o evangelho de João estão as sete declarações "Eu Sou", nas quais Jesus ecoa as palavras de Deus a Moisés na sarça ardente: Eu Sou o Que Sou (Êx 3:14). Leia cada uma dessas declarações "Eu Sou" e explique como cada uma delas confirma a afirmação de Jesus de ser Deus:

- *Eu sou o Pão da vida* (6:35)
- *Eu sou a Luz do mundo* (8:12)
- *Eu sou a Porta* (10:7)
- *Eu sou o bom Pastor* (10:11)
- *Eu sou a Ressurreição e a Vida* (11:25)

- *Eu sou o Caminho, e a Verdade, e a Vida* (14:6)
- *Eu sou a Videira [...] sem mim nada podeis fazer* (15:5).

APLICAÇÃO PESSOAL

6. Leia Jo 4:39-42. Enquanto os líderes religiosos se opunham ferozmente a Jesus, muitos samaritanos na cidade de Sicar, onde o Senhor encontrou com a mulher no poço, passaram a crer em Cristo. A elite religiosa se orgulhava de conhecer as Escrituras (que falam repetidamente do Messias), mas não reconheceu o Messias quando Ele veio. Porém, os samaritanos (que eram desprezados, considerados párias e sectários pelos judeus) avidamente o receberam.

Se você foi criado na igreja, alguma vez sentiu que crescer no ambiente religioso o cegou para percepções que os estrangeiros e os recém-chegados conseguiam facilmente ver? Explique sua resposta.

7. Jesus declarou que Ele veio com as credenciais autorizadas como Messias, e Ele disse: "Em verdade, em verdade vos digo: o que não entra pela porta no aprisco das ovelhas, mas sobe por outra parte, esse é ladrão e salteador. Aquele, porém, que entra pela porta, esse é o pastor das ovelhas" (Jo 10:1,2).

Jesus estava nos advertindo para não sermos enganados por falsos messias. Esses ainda são uma ameaça hoje no século 21? Como as pessoas podem se proteger de serem desviadas por falsos mestres e falsos messias? Quais passos você pode tomar esta semana para proteger sua mente, alma e espírito dos falsos mestres e falsos messias?

8. Leia o capítulo 11. Por que Jesus esperou tanto tempo antes de ir a Betânia para ressuscitar Lázaro dos mortos? Por que Jesus disse aos Seus discípulos: Nosso amigo Lázaro adormeceu, mas vou para despertá-lo (11:11)?

Após a ressurreição de Lázaro, muitas pessoas creram em Jesus — mas em 11:46-50, vemos um grupo de pessoas que não só não creu nele, mas conspirou para matá-lo. Por que esse milagre não os conquistou? Por que eles continuaram a opor-se a Jesus e a tramar contra Ele?

O autor escreve que a ressurreição de Lázaro "simboliza a libertação daqueles que estão sob o jugo do medo da morte durante toda a vida". Como a ressurreição de Lázaro impacta sua fé? Esse relato ajuda a diminuir o seu medo da morte? Como a ressurreição de Lázaro se diferencia da ressurreição de Jesus Cristo? Por qual tipo de ressurreição você anseia — ser ressuscitado como Lázaro ou ser ressuscitado como Cristo? De que maneira essa expectativa impacta o seu medo da morte?

Observação: Para aprofundar-se ainda mais no evangelho de João, leia *God's Loving Word: Exploring the Gospel of John* [A Palavra amorosa de Deus: Explorando o evangelho de João], escrito por Ray C. Stedman (Discovery House Publishers, 1993). E para saber mais sobre os ensinos do Senhor sobre oração, leia *Talking with My Father: Jesus Teaches on Prayer* [Conversando com meu Pai: Jesus ensina sobre a oração], escrito por Ray C. Stedman (Discovery House Publishers, 1997).

ATOS
A história inacabada

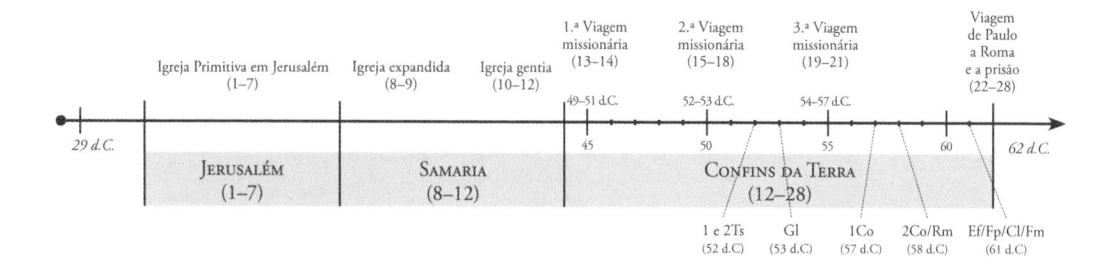

CAPÍTULO 7

			1.ª Viagem missionária (13–14)	2.ª Viagem missionária (15–18)	3.ª Viagem missionária (19–21)		Viagem de Paulo a Roma e a prisão (22–28)
Igreja Primitiva em Jerusalém (1–7)	Igreja expandida (8–9)	Igreja gentia (10–12)	49–51 d.C.	52–53 d.C.	54–57 d.C.		
29 d.C.			45	50	55	60	62 d.C.
Jerusalém (1–7)	**Samaria** (8–12)			**Confins da Terra** (12–28)			
			1 e 2Ts (52 d.C)	Gl (53 d.C)	1Co (57 d.C)	2Co/Rm (58 d.C)	Ef/Fp/Cl/Fm (61 d.C)

Quando eu era aluno no Seminário Teológico de Dallas, todos os seminaristas tinham que pregar enquanto os demais ouviam e avaliavam. Ao observar e ouvir aqueles pregadores em treinamento, eu podia dizer quem havia influenciado cada um deles.

Alguns dos seminaristas tinham vindo da Universidade Bob Jones e eles ficavam numa perna só, encostavam-se no púlpito, gritavam e acenavam exatamente como Bob Jones. Outros claramente tinham origem na *Young Life* [N.E.: Missão para jovens que atua em 70 países] — ficavam com as mãos nos bolsos, gesticulavam com o punho cerrado e falavam vagarosamente exatamente como Jim Rayburn da *Young Life*. Em cada seminarista, eu reconhecia várias influências.

Percebi também outra coisa: Ao mesmo tempo que aqueles seminaristas imitavam as virtudes de seus heróis do púlpito, estavam propensos a imitar suas falhas também. Isso, penso eu, é o que muitos cristãos e Igrejas têm feito com o livro de Atos. Lemos a história de Atos, estudamos o exemplo da Igreja Primitiva e imitamos aquela igreja — falhas e tudo mais.

Assim, ao examinarmos o registro dos primórdios da Igreja, devemos evitar qualquer análise superficial. Mesmo que nossa pesquisa de Atos venha a ser concisa, vamos tentar garantir que não seja superficial.

O livro de Atos revela o poder da Igreja do Senhor. Sempre que uma igreja local em nosso próprio século começa a perder seu poder, sempre que uma igreja começa a ficar sem cor e monótona em seu testemunho, ela precisa redescobrir o livro de Atos. Este livro conta a história de como o Espírito Santo foi derramado sobre um pequeno grupo de crentes em Cristo, enchendo-os com poder e entusiasmo vindos do alto — e os fez explodir em uma chuva de labaredas, espalhando-se

> **OBJETIVOS DO CAPÍTULO**
>
> O livro de Atos é a "história inacabada" do que o Senhor Jesus está fazendo por meio de Sua Igreja nos dias, anos e séculos após Sua ressurreição e ascensão. A história está inacabada porque nós, a Igreja do século 21, ainda a estamos escrevendo! O objetivo deste capítulo é capturar o senso de aventura à medida que a primeira geração de cristãos se tornou testemunha do Senhor em Jerusalém, na Judeia e Samaria e até os confins da Terra. Este livro deve inspirar a nossa própria aventura de fé.

O LIVRO DE ATOS

A vinda do Espírito Santo (At 1–2)

Prólogo, a ressurreição, aparição e a ascensão de Jesus Cristo 1:1-10

A promessa do Espírito Santo 1:11

A escolha de Matias 1:12-26

Pentecostes, a dramática vinda do Espírito 2

O testemunho do Espírito Santo de Jerusalém aos confins da Terra (At 3–28)

Testemunho em Jerusalém 3–7

    A. Pedro cura e prega 3

    B. Pedro e João ministram estando presos 4:1-31

    C. A Igreja Primitiva cresce e compartilha 4:32-37

    D. Ananias e Safira: não mintam ao Espírito Santo 5:1-11

    E. Milagres dos apóstolos 5:12-16

    F. Perseguição dos apóstolos 5:17-42

    G. Nomeação dos diáconos, Estêvão martirizado 6–7

Testemunho na Judeia e Samaria 8–12

    A. Saulo persegue a Igreja 8:1-3

    B. O testemunho de Filipe aos samaritanos e ao eunuco etíope 8:4-40

    C. A conversão de Saulo (Paulo) 9:1-31

    D. O testemunho de Pedro, incluindo curas, a ressurreição de Dorcas, testemunho a Cornélio, começo do ministério aos gentios 9:32–11:18

    E. O testemunho da igreja em Antioquia 11:19-30

    F. Herodes persegue a Igreja 12

Testemunho aos confins da Terra 13–28

    A. A primeira viagem missionária de
    Saulo/Paulo e Barnabé 13–14

    B. O Concílio de Jerusalém: lei *versus* graça 15:1-35

    C. A segunda viagem missionária (incluindo:

        1. a discussão entre Paulo e Barnabé por causa
        de João Marcos, 15:36-41;
        2. o ministério em Filipos e, a conversão
        do carcereiro de Filipos, 16;
        3. os bereanos investigam as Escrituras, 17:10-15;
        4. o ministério de Paulo com Áquila e Priscila, 18:1-3)..........15:36–18:22

    D. A terceira viagem missionária..18:23–21:16

    E. Paulo se volta para Roma...21:17–28:31

pelo mundo, iniciando novas chamas e novas igrejas.

Foi assim que o evangelho se espalhou como um incêndio incontrolável no primeiro século d.C.

O livro da porta giratória

Gosto de pensar no livro de Atos como uma porta giratória. Uma porta giratória é projetada para permitir que as pessoas entrem e saiam ao mesmo tempo: entram por um lado e saem por outro. O livro de Atos é assim — o judaísmo do Antigo Testamento está saindo e a Igreja do Novo Testamento está entrando. Ambos, por um instante, estão na porta giratória ao mesmo tempo, assim como duas pessoas estão em uma porta giratória indo a direções opostas.

Mas não se posicione permanentemente em uma porta giratória — você será derrubado! Uma porta giratória não é planejada para ser habitada; ela é projetada para ser transitável.

De forma semelhante, não devemos nos basear exclusivamente no livro de Atos para doutrina e ensino. Ele não foi planejado para isso. É um livro de história, de acontecimentos rápidos e de transição. Atos foi projetado para nos estimular, para nos encorajar e nos abençoar, e para nos revelar o que Deus deseja fazer por intermédio de Sua Igreja. Atos não é essencialmente um livro de doutrina.

O livro de Atos foi escrito por Lucas, o amado companheiro de Paulo e autor do evangelho que leva seu nome. Infelizmente, esse livro foi intitulado erroneamente. Na maioria das edições e traduções da Escritura, ele é chamado de Atos dos Apóstolos. Mas, à medida que você lê o livro, os únicos apóstolos cujos atos são destacados são Pedro e Paulo. A maioria dos outros apóstolos passa despercebida em Atos.

O livro deveria realmente ser intitulado Os Atos do Espírito Santo — ou mais apropriadamente ainda, Os Atos Contínuos do Senhor Jesus Cristo. Lucas, o escritor desse livro, na verdade, sugere tal título na introdução do livro. Dirigindo-se a seu amigo Teófilo (para quem também escreveu o evangelho de Lucas), ele escreve:

Escrevi o primeiro livro, ó Teófilo, relatando todas as coisas que Jesus começou a fazer e a ensinar (1:1).

Obviamente, então, o evangelho de Lucas foi o volume um e Atos seria o volume dois dos registros de Lucas. Atos é a sequência, a continuação, do que Jesus começou a fazer e a ensinar. Lucas diz:

...até ao dia em que, depois de haver dado mandamentos por intermédio do Espírito Santo aos apóstolos que escolhera, foi elevado às alturas. A estes também, depois de ter padecido, se apresentou vivo, com muitas provas incontestáveis, aparecendo-lhes durante quarenta dias e falando das coisas concernentes ao reino de Deus. E, comendo com eles, determinou-lhes que não se ausentassem de Jerusalém, mas que esperassem a promessa do Pai, a qual, disse ele, de mim ouvistes. Porque João, na verdade, batizou com água, mas vós sereis batizados com o Espírito Santo, não muito depois destes dias (1:2-5).

Esta é a essência do livro de Atos. É o relato da maneira como o Espírito Santo, movendo-se na Igreja, continuou o que Jesus começou a fazer em Seu ministério terreno. O registro dos evangelhos é *apenas o começo* da obra do Senhor Jesus Cristo. Quando você chega ao fim dos evangelhos, não chegou ao fim da história, nem mesmo ao começo do fim, mas ao fim do começo. Em Atos, o Espírito Santo começou a realizar o plano de Deus efetuando a obra do Senhor Jesus por meio da Igreja.

Quando Jesus ascendeu ao céu, Ele substituiu Seu próprio corpo ressurreto na Terra por um tipo diferente de Corpo na Terra — a Igreja, que o Novo Testamento chama de "o Corpo de Cristo". Em vez de um único corpo humano que pode estar ou na Galileia ou Samaria ou Judeia, e precisa parar de vez em quando para dormir, Jesus agora tem um Corpo que alcança os confins da Terra e está ativo 24 horas por dia.

Vivemos agora na Era do Espírito — uma era inaugurada no dia de Pentecostes, o primeiro grande acontecimento no livro de Atos.

O esboço do livro de Atos

Encontramos o esboço do livro de Atos nas palavras finais do Senhor aos Seus discípulos pouco antes de Ele ascender ao céu:

Mas recebereis poder, ao descer sobre vós o Espírito Santo, e sereis minhas testemunhas tanto em Jerusalém como em toda a Judeia e Samaria e até aos confins da terra (1:8).

Os dois primeiros capítulos de Atos são resumidos na seguinte declaração: "Mas recebereis poder, ao descer sobre vós o Espírito Santo". Estes dois capítulos narram a vinda do Espírito Santo.

A próxima frase "e sereis minhas testemunhas" estabelece o tema do restante do registro Atos, do capítulo 3 a 28. A frase de conclusão "em Jerusalém como em toda a Judeia e Samaria e até aos confins da terra", divide esses capítulos em três partes.

Ao estudarmos o livro de Atos, vemos como este esboço, que foi inspirado pelo Espírito Santo, é literalmente cumprido na vida da Igreja Primitiva. A história de Atos começa em Jerusalém, o centro da nação judaica, e termina em Roma, o centro do mundo gentio. Ele nos conduz do evangelho limitado do reino — ao final dos quatro evangelhos —, à difusão do evangelho da graça e até o mundo todo, no final de Atos.

A restauração dos doze

Após a morte de Judas Iscariotes, o discípulo que traiu Jesus, Pedro ficou diante da igreja e disse: "Porque está escrito no livro dos Salmos: Fique deserta a sua morada; e não haja quem nela habite, e, tome outro o seu encargo" (At 1:20). Assim, uma das primeiras ações que os crentes de Jerusalém tomaram depois da ascensão de Cristo foi a de preencher a posição de liderança deixada vazia por Judas. Eles buscaram a mente de Deus ao lançar sortes e a sorte caiu para Matias. Então, o número de apóstolos foi restaurado para doze.

Por que isso foi necessário? Porque tinha que ter doze apóstolos para realizar fielmente o ministério apostólico, e foi sobre os Doze que o Espírito Santo foi derramado no dia de Pentecostes. (É importante observar que no livro de Apocalipse os nomes restaurados dos Doze formam as fundações da cidade que João viu descendo do céu. Veja Ap 21:14).

Aventurando-se através da Bíblia

No entanto, parece também que o encargo de Judas foi realmente preenchido não por um homem, mas por dois. Enquanto Matias tornou-se o apóstolo substituto para Israel, o apóstolo Paulo tornou-se o apóstolo especial para os gentios. Isto não significa que os outros apóstolos não tinham um ministério aos gentios, pois certamente o tinham. De fato, Deus deu a Pedro uma visão mostrando-lhe que o evangelho era para ser levado aos gentios bem como à casa de Israel (At 10).

Mas ao passo que Deus escolheu Pedro para ser o principal apóstolo a Israel, Paulo o foi principalmente aos gentios. Os outros apóstolos foram divinamente escolhidos como testemunhas a Israel, e eles cumpriram seu ministério completamente.

O derramamento do Espírito Santo

Após o número dos apóstolos ser restaurado, a grande marca do livro de Atos — o derramamento do Espírito Santo — ocorre. Todo o restante flui a partir deste acontecimento no capítulo 2. O interessante é ver quantos cristãos puseram sua atenção nas eventualidades e negligenciaram os fatos fundamentais.

As eventualidades aqui — o vento impetuoso, o fogo que tremulava sobre as cabeças dos discípulos e as muitas línguas ou idiomas através dos quais eles falaram — eram simplesmente acontecimentos periféricos que ocorreram. Eram sinais anunciando que algo importante estava acontecendo.

O acontecimento fundamental foi a formação de uma nova e distinta comunidade, a Igreja do Senhor. Cento e vinte pessoas reuniram-se numa casa. Elas eram tão diferentes umas das outras como quaisquer pessoas nascidas em partes completamente dispersas da Terra podem ser. Mas quando o Espírito Santo foi derramado, elas foram batizadas em um corpo. Tornaram-se um organismo vivo. Não estavam apenas ligadas ao Senhor; estavam também ligadas umas às outras como irmãos e irmãs em Cristo. Elas se tornaram o Corpo de Cristo.

Sendo o Corpo de Cristo, receberam novas instruções e novo propósito. Com o Espírito Santo habitando nelas, começaram a evangelizar Jerusalém e, em seguida, além, na Judeia, em Samaria e até os confins da Terra.

O mesmo Corpo de Cristo que passou a existir no dia de Pentecostes está vivo hoje e permanecerá vivo, ativo e cheio de fervor até o dia da volta do Senhor. O fato fundamental de Atos 2 é o nascimento do Corpo de Cristo, o início da Igreja. É neste Corpo que o Espírito Santo habita e no qual Ele sopra poder e vida. Apesar deste corpo, o Espírito de Deus está ativo no mundo hoje, realizando Seu plano eterno.

O chamado de Paulo

O restante de Atos trata em grande parte do chamado e ministério do apóstolo Paulo — o sábio mestre-construtor, aquele a quem o Espírito Santo selecionou para ser o padrão para os cristãos gentios. Por isso é que Paulo foi submetido a tal período de treinamento intensivo pelo Espírito Santo, durante o qual ele ficou sujeito a um dos julgamentos mais rigorosos que qualquer ser humano poderia sofrer.

Paulo foi enviado de volta para sua própria cidade natal para viver na obscuridade durante sete anos, até que aprendesse a grande lição que o Espírito Santo procura ensinar a todos os cristãos. Nas palavras de nosso Senhor: "Em verdade, em verdade vos digo: se o grão de trigo, caindo na terra, não morrer, fica ele só; mas, se morrer, produz muito fruto" (Jo 12:24).

À medida que traçamos a carreira do apóstolo Paulo, descobrimos que (como a maioria de nós), ele não entendeu este princípio de imediato, assim que veio a Cristo. Ele acreditava que estava especialmente preparado para ser o tipo de instrumento que Deus poderia usar para alcançar Israel para Cristo. Sem dúvida, como Paulo revela em Fp 3:4-6 (cf. At 22:3), ele tinha a origem e o treinamento necessários. Era hebreu de nascimento; educado na lei do Antigo Testamento; o aluno preferido do maior mestre de Israel, Gamaliel; o fariseu entre os fariseus; entendia tudo sobre a lei, a fé e a cultura dos hebreus.

Repetidamente em suas cartas, vê-se o desejo profundo de Paulo de ser um instrumento para alcançar Israel para Cristo. Em Romanos, ele escreve: "...tenho grande tristeza e incessante dor no coração; porque eu mesmo desejaria ser anátema, separado de Cristo, por amor de meus irmãos, meus compatriotas, segundo a carne" (Rm 9:2,3). Na verdade, Deus disse a Paulo: "Eu não quero que você vá a Israel com o evangelho. Estou chamando-o para ser um apóstolo aos gentios, para levar o meu nome perante os reis e pregar aos gentios as insondáveis riquezas de Cristo".

Paulo tentou anunciar a Cristo em Damasco, mas o fez na força de sua própria carne. Ele falhou e foi expulso da cidade, sendo baixado em um cesto pelos muros da cidade como um criminoso procurado. Contrito e derrotado, ele se dirigiu a Jerusalém e pensou que os apóstolos, pelo menos, iriam recebê-lo, mas eles não confiaram neste antigo perseguidor da Igreja. Foi somente quando

"Conversão no caminho de Damasco" por Caravaggio (1571–1610)

Barnabé finalmente intercedeu por Paulo que ele foi, relutantemente, aceito pelos apóstolos.

Então, entrando no Templo, ele encontrou o Senhor, que lhe disse: "Apressa-te e sai logo de Jerusalém, porque não receberão o teu testemunho a meu respeito. Vai, porque eu te enviarei para longe, aos gentios" (At 22:17-21).

Retornando à sua casa em Tarso, Paulo finalmente aceitou o que Deus estava lhe dizendo: A menos que ele estivesse disposto a morrer para si próprio para ser um apóstolo aos gentios, nunca poderia ser um servo de Cristo. E quando, enfim, recebeu essa comissão e a aceitou de coração, pôde dizer: "Senhor, aonde quiseres. Qualquer coisa que quiseres. A qualquer lugar que desejares me enviar. Estou pronto para ir".

Deus, então, enviou Barnabé a ele, conduzindo-os a Antioquia, aos gentios de lá. E assim o apóstolo Paulo começou seu ministério em Antioquia.

O avanço do evangelho

O livro de Atos termina com Paulo em Roma, pregando em sua própria casa alugada, acorrentado dia e noite a um soldado romano, incapaz de sair como missionário. Ele é um prisioneiro; contudo seu coração transborda com a consciência de que, embora esteja preso, a Palavra de Deus não está.

Quando Paulo escreve aos seus amigos em Filipos, ele diz: "Quero ainda, irmãos, cientificar-vos de que as coisas que me aconteceram têm, antes, contribuído para o progresso do evangelho" (Fp 1:12). Estes obstáculos e decepções podem ter acorrentado Paulo, mas não puderam acorrentar o Espírito de Deus. As circunstâncias apenas serviram para o avanço das boas-novas de Jesus Cristo. Paulo cita duas formas específicas em que o evangelho estava avançando:

1. O soldado pretoriano estava sendo alcançado para Cristo (Fp 1:12,13). Ao comando do imperador, os guardas romanos estavam acorrentados ao apóstolo por seis horas a cada vez. Isso sim era um público cativo! O imperador inadvertidamente expôs seus melhores homens a horas de instrução na fé cristã. Um a um, os soldados romanos que guardavam Paulo vieram a conhecer a Cristo. Não é de se admirar que Paulo escreva no final da carta: "Todos os santos vos saúdam, especialmente os da casa de César" (Fp 4:22).

2. Por causa da prisão de Paulo, os outros cristãos na cidade estavam pregando o evangelho com mais poder e ousadia (Fp 1:14). "Estimulados por minhas algemas," escreveu Paulo, "ousam falar com mais desassombro a palavra de Deus." Ironicamente, o evangelho se espalhava em Roma com ainda maior força e intensidade desde que Paulo fora preso, pois as pessoas pararam de contar com ele como o único evangelizador daquela nação.

Se a tarefa de evangelizar Roma era para acontecer, outros teriam de pegar de onde Paulo parou e continuar em seu lugar. Paulo disse: "Alegro-me com isso". (Tenho me perguntado muitas vezes se a melhor maneira de evangelizar uma cidade não seria de trancar todos os pregadores na cadeia!)

Havia outra vantagem da prisão de Paulo em Roma — uma vantagem que até mesmo o próprio apóstolo não podia ter imaginado. Podemos ver agora, com a perspectiva de 2 mil anos de retrospectiva, que a maior obra que Paulo realizou em sua vida não foi a de sair pregando e começando igrejas, embora esse tenha sido um grande trabalho. Sua maior realização foi o conjunto de cartas que compôs, muitas das quais foram escritas enquanto ele estava na prisão. Há pouca dúvida de que muitas epístolas de Paulo jamais teriam sido escritas se ele não tivesse estado na prisão. Devido a essas cartas, a Igreja tem sido nutrida, fortalecida e encorajada ao longo de vinte séculos de História Cristã.

O erro da Igreja

Há muitos séculos a Igreja tem sofrido de um equívoco trágico. De fato, grande parte da fraqueza da Igreja hoje é devido a este equívoco. Durante séculos, os cristãos se reúnem e recitam a Grande Comissão de Jesus Cristo para levar o evangelho para os cantos mais distantes da Terra: "Ide, portanto, fazei discípulos de todas as nações, batizando-os em nome do Pai, e do Filho, e do Espírito Santo" (Mt 28:19). E isso é sem dúvida a vontade de Deus.

Porém, um dos truques favoritos do diabo é fazer os cristãos buscarem a vontade de Deus de sua própria maneira, de acordo com sua própria sabedoria limitada. Com muita frequência, nossa abordagem é dizer: "Vamos planejar a estratégia para a realização da vontade de Deus". De acordo com este ponto de vista, o plano de Deus para o mundo depende de nossas estratégias, de nossa engenhosidade e de nossos esforços. Sem a nossa força humana, Jesus jamais terminaria a obra. Esta visão é um engano satânico.

A razão pela qual estamos tão enganados é porque ouvimos apenas uma parte da Grande Comissão. Veja novamente as palavras que a compõem:

Ide, portanto, fazei discípulos de todas as nações, batizando-os em nome do Pai, e do Filho, e do Espírito Santo; ensinando-os a guardar todas as coisas que vos tenho ordenado. E eis que estou convosco todos os dias até à consumação do século (Mt 28:19,20).

Realizamos a primeira parte — o "ide". Temos elaborado estratégias, mobilizado e ido "até os confins da terra". Mas quase esquecemos completamente a última parte dessa comissão: "E eis que estou convosco todos os dias até à consumação do século".

O Senhor nunca pretendeu que cumpríssemos a Grande Comissão em nossa própria força, enquanto Ele fica de lado e observa. Cristo está sempre conosco — e devemos permitir que Ele esteja no comando de Sua própria estratégia para alcançar o mundo.

Quando nos voltamos a Jesus, exaustos, derrotados e desanimados — inevitavelmente clamamos: "Senhor, nunca poderemos terminar essa obra. Não podemos cumprir essa tarefa". É então que Ele nos lembra de que Seu plano era para ser realizado por meio da Igreja, mas na força do Espírito Santo. Que, afinal, é o que o livro de Atos diz. Essa é a história de como o Espírito Santo realizou o plano de Jesus em todo o mundo conhecido.

Deus não chamou os apóstolos e a Igreja Primitiva para realizar toda a obra. Em vez disso, a mensagem central de Atos está resumida nas palavras de Paulo em 1Ts 5:24: "Fiel é o que vos chama, o qual também o fará". Sempre foi intenção de Deus não só colocar o plano diante de nós, mas cumpri-lo em Sua própria força.

A estratégia divina

À medida que lemos o livro de Atos, vemos vários aspectos do ministério do Espírito Santo. Em primeiro lugar, Ele é visível na direção das atividades da Igreja. É o Espírito de Deus — não algum ser humano — que toma a iniciativa e lança novos empreendimentos para a realização do plano divino. Por exemplo, quando Filipe estava em Samaria pregando o evangelho, um grande avivamento aconteceu em toda a cidade como resultado de sua pregação. Toda a cidade estava cheia do espírito de avivamento.

A sabedoria humana diria: "Tem algo acontecendo aqui! Vamos investir mais recursos em Samaria! Vamos expandir nossos esforços evangelísticos e desenvolver uma estratégia 'Vamos ganhar Samaria para Jesus!'". Mas esse não foi o plano de Deus. Em vez disso, como em Atos 8, o Espírito de Deus disse a Filipe para ir ao deserto e encontrar um homem — um solitário etíope — e testemunhar para ele.

Bem, que tipo de estratégia é essa? Por que Deus diria a Filipe para deixar uma campanha em toda a cidade onde o Espírito de Deus estava se movendo com poder, e onde multidões estavam indo a Cristo — para descer ao deserto e falar somente a um homem?

Mas quem era esse homem? Ele era o tesoureiro do governo etíope. O Espírito Santo estava preparando seu coração para seu encontro com Filipe.

Enquanto Filipe se aproximava da carruagem do etíope, ele viu que o homem estava lendo Isaías 53 — uma poderosa profecia do Antigo Testamento sobre o Messias. Filipe perguntou ao homem se ele entendia o que estava lendo, e o homem respondeu: "Como poderei entender, se alguém não me explicar?".

Então Filipe sentou-se ao lado dele e contou-lhe a história do Messias que tinha finalmente vindo, sofrido e morrido, e que ressuscitara. E o homem entregou sua vida a Cristo ali mesmo.

O influente oficial etíope retornou para seu próprio país, e a tradição sustenta que muitos etíopes foram levados a Cristo por meio dele. Foi assim que o alcance do evangelho foi primeiramente estendido para o continente africano.

Isso é o que significa um testemunho guiado pelo Espírito: A pessoa certa, no lugar certo, no momento certo, dizendo a coisa certa, à pessoa certa. Esta é a uma das primeiras evidências encontradas no livro de Atos da atividade de condução do Espírito Santo.

Em Atos 9, o Espírito Santo alcança um homem na estrada de Damasco — Saulo de Tarso, um perseguidor da Igreja. Ele, então, envia outro homem para orar com Saulo — um discípulo chamado Ananias — que fica absolutamente estupefato com essa comissão:

AS VIAGENS DE PAULO

- PRIMEIRA VIAGEM
- SEGUNDA VIAGEM
- TERCEIRA VIAGEM
- VIAGEM A ROMA

Ananias, porém, respondeu: Senhor, de muitos tenho ouvido a respeito desse homem, quantos males tem feito aos teus santos em Jerusalém; e para aqui trouxe autorização dos principais sacerdotes para prender a todos os que invocam o teu nome.

Mas o Senhor lhe disse: Vai, porque este é para mim um instrumento escolhido para levar o meu nome perante os gentios e reis, bem como perante os filhos de Israel; pois eu lhe mostrarei quanto lhe importa sofrer pelo meu nome (9:13-16).

Este homem Saulo, é claro, estava destinado a tornar-se o apóstolo Paulo. Ele realmente era o "instrumento escolhido" de Deus para espalhar a fé cristã em todo o Império Romano.

No capítulo 13, a igreja em Antioquia jejua e ora, e no meio do culto, o Espírito Santo diz: "Separai-me, agora, Barnabé e Saulo para a obra a que os tenho chamado" (13:2). Mais adiante, lemos:

E, percorrendo a região frígio-gálata, tendo sido impedidos pelo Espírito Santo de pregar a palavra na Ásia, defrontando Mísia, tentavam ir para Bitínia, mas o Espírito de Jesus não o permitiu (16:6,7).

Em todo o livro de Atos vemos que a estratégia divina foi trabalhada com antecedência — não por pessoas, mas pelo Espírito Santo. À medida que os cristãos se colocam disponíveis ao Espírito, Ele desvenda a estratégia passo a passo. Ninguém pode elaborar este tipo de plano. Nós apenas podemos nos permitir sermos usados como instrumentos escolhidos de Deus enquanto o Espírito de Deus conduz o trabalho da Igreja. Essa é a estratégia divina.

E como descobrimos e lançamos mão da estratégia divina? Seguindo o exemplo de um

Aventurando-se através da Bíblia

A IGREJA, UM GOVERNO INVISÍVEL

Não há razão para que a Igreja no século 21 não seja como a do primeiro século. O verdadeiro cristianismo opera exatamente na mesma base agora, como o fez no passado. O mesmo poder que transtornou o mundo no livro de Atos está disponível para nós hoje.

Será que realmente percebemos o poder que está disponível para nós? Temos qualquer conceito do poder que Jesus pretendeu que Sua Igreja exercesse neste mundo em trevas e perigoso? Ou nossa visão sobre o Corpo de Cristo tornou-se tão enfraquecida que a palavra Igreja nos sugere apenas um edifício na esquina aonde vamos uma vez por semana para cantar hinos e ouvir sermões?

A Igreja, como Deus projetou e a Bíblia descreve, é uma força incrível, dinâmica e transformadora. Ela é, na verdade, uma espécie de governo invisível, influenciando e movendo governos visíveis da Terra. Por causa da poderosa influência da Igreja, as pessoas deste planeta são capazes de experimentar os benefícios da estabilidade social, da lei e da ordem, da justiça e da paz. Sim, o mundo está conturbado e em crise — mas não vimos sequer uma fração de um por cento da tribulação, tirania, anarquia e massacre que ocorreria se a Igreja de repente fosse retirada daqui.

Encontramos a verdade e as instruções de Deus sobre a Sua Igreja em todo o Novo Testamento, e especialmente nos escritos do apóstolo Paulo... Lá, vamos encontrar nosso guia para a verdade de Deus sobre a vida do Corpo de Cristo, a Igreja.

Ray C. Stedman
Body Life ([Vida do Corpo] Discovery House Publishers, 1995)

"nobre" grupo de pessoas que encontramos em Atos 17:

> *E logo, durante a noite, os irmãos enviaram Paulo e Silas para Bereia; ali chegados, dirigiram-se à sinagoga dos judeus. Ora, estes de Bereia eram mais nobres que os de Tessalônica; pois receberam a palavra com toda a avidez, examinando as Escrituras todos os dias para ver se as coisas eram, de fato, assim. Com isso, muitos deles creram, mulheres gregas de alta posição e não poucos homens* (17:10-12).

Quem dera fôssemos mais como os nobres bereanos, que avidamente examinavam as Escrituras, comparando as palavras de Paulo com a Palavra de Deus! Enquanto estamos nos aventurando juntos através da Bíblia nestas páginas, espero que você não simplesmente tome minha palavra como verdade a respeito de qualquer assunto sobre as verdades espirituais. Seja como os nobres bereanos! Verifique a Palavra de Deus por si mesmo, ouça a liderança do Espírito Santo, ore por entendimento, em seguida, ouça em silêncio a resposta do Senhor. Essa é a coisa nobre a fazer!

Instrumentos do Espírito

Mais adiante em Atos, encontramos o Espírito Santo envolvido em outro aspecto do ministério, fazendo o que nenhum ser humano pode fazer: Comunicar vida àqueles que ouvem o evangelho. Onde quer que a mensagem de salvação seja pregada, onde quer que a Palavra de Deus seja preservada, o Espírito Santo está lá para comunicar vida.

Você já reparou em quem faz os apelos no livro de Atos? São quase invariavelmente *aqueles que estão ouvindo a pregação,* não os pregadores. No dia de Pentecostes, o Espírito de Deus pregou através de Pedro a milhares de pessoas. Estas pessoas foram atraídas pelo milagre das línguas de fogo do Espírito Santo e dos diferentes idiomas. As pessoas foram tão convencidas pela mensagem de Pedro que elas o interromperam no meio do sermão, gritando: "O que devemos fazer para sermos salvos?" (Paráfrase de At 2:37). Pedro não teve que fazer o apelo — seu público o atendeu antes mesmo de ele o fazer!

E em Atos 16, foi o carcereiro de Filipos, impressionado por Paulo e Silas estarem cantando por volta da meia-noite, que fez o apelo quando o terremoto derrubou as paredes da prisão, perguntando: "Senhores, que devo fazer para que seja salvo?". Caso após caso, evento após evento, é o Espírito Santo que comunica aos corações carentes e os prepara com antecedência para crer e responder quando a mensagem é proclamada.

Hoje, existem muitos grupos cristãos e indivíduos cuja única ocupação na vida parece ser a de defender a fé — preservar, se puderem, a pureza da Igreja. Eles encurralam pastores desavisados, inspecionam cada frase de seus sermões em busca de uma evidência de doutrina falha, depois a pregam nas paredes por causa do mais fraco cheiro de "heresia". Apesar de ser apropriado querer que a Igreja seja fiel à Palavra de Deus, o livro de Atos nos mostra que é o Espírito de Deus o responsável por manter a pureza da Igreja.

Por exemplo, há um acontecimento surpreendente no início do livro de Atos que ilustra isso — a hipocrisia de Ananias e Safira. Seu pecado foi revelado quando eles se apresentaram como sendo mais generosos à obra de Deus do que eles realmente eram (At 5:1-11). Eles tentaram ganhar uma reputação de santidade que não era nada além de fachada. O julgamento do Espírito Santo veio imediatamente sob a forma de morte física.

Não creio que Deus exerce tais julgamentos dramáticos na Igreja de hoje. Em vez disso, em Sua Palavra, Deus apresenta Ananias e Safira como um exemplo para nós, um padrão para indicar o que o Espírito de Deus faz no nível espiritual. Na Igreja Primitiva, Ele julgou estes dois hipócritas no nível físico, a fim de que pudéssemos ver este princípio em ação. Mas, quer seja espiritual ou físico, o resultado é o mesmo.

Quando alguém começa a usar sua posição religiosa para elevar sua reputação aos olhos de outras pessoas, o que acontece? O Espírito de Deus separa-os da manifestação da vida de Cristo. Instantaneamente a vida dessa pessoa torna-se tão impotente e ineficaz como os corpos de Ananias e Safira caídos aos pés de Pedro. Esse é um princípio sério da vida cristã, e um que todos os cristãos deveriam considerar séria e honestamente.

Os cristãos eram a maravilha e a sensação do mundo do primeiro século. O que havia com essas pessoas que deixaram o mundo todo alvoroçado? Só uma coisa: O Espírito de Deus estava vivo nelas. O Espírito lhes concedeu poder, coragem e ousadia.

Observe a ousadia deles: Após a crucificação, Pedro e João se esconderam atrás de portas trancadas, com medo de sair às ruas de Jerusalém por causa daqueles que crucificaram o Senhor. Mas depois que o Espírito de Deus veio sobre eles, nós os vemos nos pátios do Templo proclamando a verdade de Jesus Cristo — e praticamente desafiando os líderes religiosos corruptos a prendê-los.

E às vezes eles eram presos. Mas no momento em que eram libertos, voltavam aos pátios do Templo a pregar novamente. Eles não podiam ser parados! Eram invencíveis! E cada vez que eram presos, ou apedrejados, ou espancados, pelo que esses cristãos oravam? Não por segurança. Não por proteção. Não, eles oravam por mais ousadia!

Esse era o plano de Deus. O Espírito Santo faz tudo no livro de Atos. Ele é que concede todo o vigor, orientação, direção, planejamento, capacitação, preparação e comunicação. Ele faz tudo. Não cabe a nós fazermos qualquer coisa, exceto sermos Seus instrumentos, irmos aonde Ele quiser, abrirmos nossa boca e falarmos Suas palavras. É trabalho do Espírito conduzir o ministério. É por isso que este livro deveria ser chamado de os Atos do Espírito Santo, não os Atos dos Apóstolos.

O livro inacabado

O livro de Atos termina abruptamente com essas palavras:

> *Por dois anos, permaneceu Paulo na sua própria casa, que alugara, onde recebia todos que o procuravam, pregando o reino de Deus, e, com toda a intrepidez, sem impedimento algum, ensinava as coisas referentes ao Senhor Jesus Cristo* (28:30,31).

Sabemos, evidentemente, que este não é o fim da história de Paulo porque o apóstolo fala sobre sua iminente morte em At 20:24,38. E na carta carregada de emoção de Paulo a Timóteo, seu filho na fé, ele escreve com uma sensação de que seus dias estavam contados:

> *Quanto a mim, estou sendo já oferecido por libação, e o tempo da minha partida é chegado. Combati o bom combate, completei a carreira, guardei a fé. Já agora a coroa da justiça me está guardada, a qual o Senhor, reto juiz, me dará naquele Dia; e não somente a mim, mas também a todos quantos amam a sua vinda* (2Tm 4:6-8).

Segundo a tradição, Paulo foi executado em Roma, em fevereiro de 62 d.C. O fato de

"Apóstolo Paulo na prisão" por Rembrandt (1627)

que Atos não registra a morte de Paulo, nem menciona eventos importantes tais como a perseguição de Nero (64 d.C.) ou a destruição de Jerusalém (70 d.C.), sugere que o livro de Atos foi provavelmente escrito antes da morte de Paulo.

De qualquer forma, é claramente um livro inacabado. Ele termina — mas não está concluído. Por quê? Certamente Lucas poderia ter voltado ao livro em anos posteriores e anexado um pós-escrito, mesmo se o registro tivesse sido concluído antes de 62 d.C. Mas por que ele não o fez?

Porque o Espírito Santo deliberadamente pretendia que ficasse inacabado!

O livro de Atos ainda está sendo escrito. Como o evangelho de Lucas, esse livro é mais um registro das coisas que Jesus começou tanto a fazer como a ensinar. Sua obra na Terra não está acabada. Ele começou Seu ministério em Seu corpo humano, como registrado nos evangelhos. Continuou em Seu Corpo, a Igreja, como está no livro de Atos. E continua Seu hoje por intermédio de você, de mim e de todos os outros cristãos no mundo.

O livro de Atos será concluído algum dia. E quando for concluído, você e eu teremos a oportunidade de lê-lo na glória, na eternidade, quando o plano de Deus estiver cumprido.

Qual será a *sua* parte nessa grande história?

PERGUNTAS PARA DISCUSSÃO

ATOS
A história inacabada

1. O livro de Atos começa com a instauração da Igreja. Em 1:4,5, o Senhor Jesus ressurreto diz aos Seus seguidores: "Não se ausentem de Jerusalém, mas esperem a promessa do Pai, a qual de mim ouvistes. Porque João batizou com água, mas vós sereis batizados com o Espírito Santo". Mais tarde, quando os discípulos se reuniram com o Senhor ressuscitado, perguntaram-lhe: "Senhor, será este o tempo em que restaures o reino a Israel?".

O que esta pergunta lhe diz sobre as expectativas dos discípulos? Que tipo de reino eles estavam esperando? Será que os seguidores de Jesus entenderam que Deus planejava transformar não só Israel, mas também todo o mundo com o evangelho? Por quê?

2. Em At 1:8, Jesus diz aos Seus seguidores: "Mas recebereis poder, ao descer sobre vós o Espírito Santo, e sereis minhas testemunhas tanto em Jerusalém como em toda a Judéia e Samaria e até aos confins da terra". Este versículo nos dá o esboço do livro de Atos:

- *Testemunhas do Senhor em Jerusalém* (1:1–8:3)
- *Testemunhas do Senhor na Judeia e Samaria* (8:4–12:25)
- *Testemunhas do Senhor aos confins da Terra* (13:1–28:31)

O fato de sermos Suas testemunhas é um tema que percorre todo o livro de Atos. O que significa ser uma testemunha de um evento histórico? O que significa ser uma testemunha em um tribunal? Tendo em conta estes significados da palavra "testemunha", o que significa ser uma testemunha de Jesus Cristo? Você é uma testemunha de Jesus Cristo? Por quê?

3. Muitas pessoas têm a impressão de que a primeira menção da presença do Espírito Santo está em Atos 1 e 2. Na verdade, o Espírito Santo é mencionado em muitos lugares em todo o Antigo Testamento, começando com o segundo versículo da Bíblia: "A terra, porém, estava sem forma e vazia; havia trevas sobre a face do abismo, e o Espírito de Deus pairava por sobre as águas" (Gn 1:2). Para outras referências ao Espírito Santo antes de Atos, veja Gn 6:3; Êx 31:3; 35:31; Nm 11:29; 24:2; Jz 3:10; 6:34; 1Sm 10:10; Sl 51:11; Jo 14:15-27; 16:5-15.

Antes da crucificação, Jesus disse aos Seus discípulos: "Convém-vos que eu vá, porque, se eu não for, o Consolador não virá para vós outros; se, porém, eu for, eu vo-lo enviarei" (Jo 16:7). O que Jesus quer dizer? Por que Ele deve ir para que o Espírito venha até nós? Esta promessa de Jesus foi confirmada mais tarde? (Dica: Veja At 1:9-11; 2:1-4.)

4. Leia At 2:1-21. Nos versículos 17-21, Pedro cita Jl 2:28-32 onde o profeta escreve que nos últimos dias Deus derramará Seu Espírito sobre todas as pessoas. Quais manifestações do Espírito Joel promete? Algumas dessas manifestações, diz esse profeta, ocorrerão entre "todas as pessoas", enquanto outras acontecerão "nos céus" e "na terra". Quais destes sinais prometidos foram manifestados em At 2:1-4? Quais permanecem para serem cumpridos? Joel escreve: "E acontecerá que todo aquele que invocar o nome do Senhor será salvo" (2:32). O que significa invocar o nome do Senhor?

5. Em At 4:12, Pedro diz: "E não há salvação em nenhum outro; porque abaixo do céu não existe nenhum outro nome, dado entre os homens, pelo qual importa que sejamos salvos". O que significa sermos salvos por Seu nome? (Veja At 8:12; 1Co 1:2; Fp 2:10; 1Pe 4:14).

APLICAÇÃO PESSOAL

6. Leia em At 4:1-22 sobre a história de Pedro e João testemunhando sua fé em Cristo diante do Sinédrio. O Sinédrio era o corpo de líderes religiosos que havia planejado crucificar Jesus — e Pedro e João tinham todas as razões para acreditar que eles os matariam também. Mas Pedro fala com ousadia e sem medo em "nome de Jesus Cristo, o Nazareno, a quem vós crucificastes, e a quem Deus ressuscitou dentre os mortos".

Por que Pedro e João foram tão corajosos diante das ameaças dos líderes religiosos? Você já sentiu o chamado de Deus para falar em Seu nome? O que você fez? Quais passos você pode tomar na próxima semana para se tornar uma testemunha ousada e sem medo de Jesus Cristo, independentemente do custo pessoal?

7. O apóstolo Paulo pensava que Deus o havia chamado para ser um apóstolo para o seu próprio povo, os judeus. Mas em At 22:21, Jesus falou com ele e disse: "Vai, porque eu te enviarei para longe, aos gentios".

Alguma vez você já sentiu Deus o chamando para fazer algo que realmente não queria fazer? Alguma vez sentiu que estava se preparando para uma coisa, mas Deus o estava guiando para uma direção diferente? Você se opôs? Por fim se rendeu à vontade do Senhor para a sua vida? Qual a consequência da vontade de Deus para você?

8. Paulo mais tarde chegou a aceitar uma cela de prisão como vontade de Deus para sua vida — e pôde escrever: "Quero ainda, irmãos, cientificar-vos de que as coisas que me aconteceram têm, antes, contribuído para o progresso do evangelho" (Fp 1:12). Você aprendeu a confiar em Deus tão completamente que poderia aceitar uma cela de prisão como dádiva do Senhor? Por quê? Quais os passos que você pode tomar esta semana para se render mais completamente à vontade de Deus para sua vida?

9. O autor escreve que o livro de Atos "é claramente um livro inacabado. Termina — mas não está concluído. Por quê?… Porque o Espírito Santo deliberadamente pretendeu que fosse inacabado!" Se você pudesse acrescentar um parágrafo ao livro de Atos a respeito de como Deus o está usando como Sua testemunha no século 21, o que escreveria? Escreva três ou quatro frases para resumir como Deus o está usando exatamente onde você está. Se não tem nada para escrever, pense em como gostaria que fosse seu parágrafo.

Liste os nomes das pessoas por quem você está orando e a quem você está falando sobre Jesus. Liste alguns passos que você pode tomar esta semana para se tornar uma testemunha de Deus a eles.

Observação: Para uma pesquisa mais aprofundada do livro de Atos, leia *God's Unfinished Book: Journeying through the Book of Acts* [O livro inacabado de Deus: Uma jornada pelo livro de Atos], escrito por Ray C. Stedman (Discovery House Publishers, 2008).

Ruínas de uma igreja do primeiro século